高敏感。是你的超能力

かくれ繊細さんの「やりたいこと」の見つけ方

外向自信只是隱性高敏的偽裝！

如何**肯定自己的神奇天賦，**

從此不再內耗人生，

邁向幸福！

作者——時田尚子

譯者——許郁文

前言

「不管做什麼事情，都覺得不滿足」

「覺得自己沒有任何專長」

「不管做什麼事情，都一下子就覺得厭煩，沒辦法做到最後」

「對做事情半調子的自己很沒自信」

「不知道自己想做什麼事」

「不知道自己真正的願望是什麼」

你是否也有上述這些感覺呢？

最近在公司出人頭地或是只求生活穩定就好的想法逐漸勢微，取而代之的是「能靠興趣餬口的生活之道很酷」這種價值觀越來越普及。

畢竟現在已經是「找到想做的事情，並且熱衷其中」才會讓人覺得很酷的時代，反過來說，如果找不到想做的事情，反而會讓人感到不安，甚至每當看到那些靠著興趣賺錢的人，都會覺得沒辦法透過興趣創造成果的自己很糟糕。

另一方面，也有人致力於改掉懶惰的習性，或是覺得自己不夠努力，而想多學一技之長。

不過，你是否覺得，明明做了很多事情，卻覺得離真正重要的事情越來越遠，越來越不知道「自己想做什麼」呢？

某些有這類煩惱的人都擁有**互相矛盾的個性**，比方說，**明明擁有很強的好奇心，卻不敢真的踏出第一步，又或者很容易開啟某方面的興趣，卻都很難持之以恆**。

如果你也覺得自己是這樣的人，那麼你或許就是所謂的**「隱性高敏感族」（HSS型HSP，或稱HSE）**。

最近由美國心理學家伊蓮・艾融（Elaine Aron）提出的概念「HSP：Highly Sensitive Person」（與生俱來高敏特質的高敏感族）已慢慢地成為熱門話題。

所謂的「隱性高敏感族」也是「HSP」的一種，通常是**假裝自己的個性**

很外向、很愛與他人相處、很積極，好奇心很旺盛，利用個性中的其他面向（HSS：High Sensation Seeking），隱藏自己特別容易產生共鳴，內心纖細很容易受傷的這一面（HSP）的人。

不好意思，到現在才自我介紹。我是專門為「隱性高敏感族」提供諮商服務的時田。直到目前為止，我擔任隱性高敏感族心理諮商師的時數，已經有大約1萬5000個小時，專門為了個性複雜而敏感的高敏感族排憂解煩。

其實我自己也是隱性高敏感族，也曾不斷地尋找自己想做的事情。

過去的我不太敢將自己想做的事情說出口，很害怕萬一說出口，會被別人覺得自己不知天高地厚，也很怕被別人恥笑，這些煩惱難為人道，我都只能默默藏在心底。

過去的我，總是用這些話安慰自己：「反正每個人還不都是拼命把真心話藏在心裡」「每個人都有每個人的煩惱」，假裝自己正在做自己喜歡的事情，也放棄自己真正想做的事情。

所以，對於「不知道自己想做什麼事情」的人，心裡那種悶著刺痛般的痛

隱性高敏感族的特徵

- 想滿足周遭的期待
- 為了迎合別人而壓抑自己
- 明明有很多優點，卻糾結於某項缺點
- 不斷地否定自己，告訴自己不能滿足於現狀
- 容易陷入自卑與不安的情緒
- 容易覺得疲勞，沒辦法配合周遭的節奏
- 就算覺得很疲憊，也會逼自己振作
- 有時候會有強烈的休息衝動
- 看到得過且過的人就會覺得煩躁
- 對某些領域很有自信
- 覺得真正的自己與別人眼中的形象有落差（同時也覺得這樣的自己很奇怪）

苦，我比任何人都要了解。

至今為止，我陪著自己，以及眾多的隱性高敏感族個案尋找自我，在這些旅途中我徹底明白了一件事。

那就是，**其實「想做的事情」老早就在你的心底了**。

可是，因為隱性高敏感族總是會**習慣性地忽略**這些藏在心中的「答案（想做的事情）」，於是就形成「想做的事情明明就在心裡，卻怎麼也察覺不到」的狀態。

隱性高敏感族之所以找不到「想做的事情」，原因大致可分成兩種。

第一種是**「總是想抹殺自己的部分特質」**，第二種是**「任憑不安的狀態持續下去」**。

更詳細的內容，我會在接下來的文中進一步解釋，但其實找不到想做的事情又可略分成八個階段（10～11頁）。如果總是漠視每個階段的不安，就永遠找不到想做的事情。我希望各位讀者都能一起檢視一下，看看自己現在到底屬於哪個階段。

當然，放棄覺察「答案」的習慣，就算繼續保持下去也沒什麼問題。

但是，我們也可以選擇當下做個了結，改掉這個壞習慣，重新替自己尋找想做的事情，為自己開創一條新的道路。

雖然說要覺察什麼是我們想做的事，但當我們找到想做的事情，我們依然可以選擇要做或是不做，最大的意義在於，選項變多了。

身為隱性高敏感族的我，從過去的親身經歷中發現，隱性高敏感族不會**「因為找到想做的事情，以及做了想做的事情而感到滿足」**，因為我們喜歡的是，在發現、發掘、挑戰想做的事情的過程中，**體驗全心投入這些事情的自己**。

對於隱性高敏感族來說，**沈浸於享受這些過程中自己的感受（也包括享受痛苦）**，是一種「無比充實的生活方式」。

藉著挖出藏在內心深處的願望，不但能讓我們更敢相信自己，實際著手做起想做的事，也能讓我們更肯定全力以赴的自己。至今為止，我已經親眼見證諸多高敏感族，在這套良性循環之下，減輕了活著的痛苦，我認為各位當然也能著這套方法，找到更快樂、更放鬆的自己。

「我明明想自己決定要做的事情，但我卻沒有決定權」，你是否也有這樣的不滿呢？或者，你可能也曾有過這樣的後悔：「當時我因為別人的反對，而放棄了自己真正想做的事情。早知道當時就該為自己據理力爭」。

覺得「說出想做的事情很丟臉」或是「做了想做的事搞不好會被別人疏遠或是陷害，所以很害怕做想做的事」，長久以來，這種擔憂或許一直盤踞在大家的心裡。

我自己也是一路得過且過走過來的人，過去的我只會一個勁地完成別人要求我的事，從來沒時間停下來思考自己想做什麼，然後就不知不覺地長大了。有些隱性高敏感族就是因為這麼聽話，所以才會不知道該怎麼找到自己想做的事情。

我希望藉由本書，能讓隱性高敏感族讀者學會做想做的事，過滿足的生活，所以我將鉅細靡遺地整理諮商經驗中的精華，並盡我所能傾囊相授。

由於隱性高敏感族比一般人更想全心投入想做的事，更想過上充實的生活，所以往往會在結果不如預期的時候更後悔，或是因為沒能熱衷於想做的事情，而對自己失望，甚至失去自信。

不過，絕對沒有必要放棄！

隱性高敏感族天生就是勤奮的人，天生就愛鑽研每件事，所以只要下定決心「要做」，就能直直地往目標衝刺，也能找回全心投入某件事的自己。

哪怕只是多一個人也好，但願本書能成為有建設性的敲門磚，幫助大家開始著手找到「想做的事情」。

時田尚子

2022年4月

階段5 為了未來而忙得精疲力盡的階段（154頁）

- ☐ 擁有一定的社會地位
- ☐ 總是與沒有自主性或創造性的人保持距離
- ☐ 嚮往風平浪靜的生活，卻又鄙視這樣的生活
- ☐ 懂得運用直覺、巧勁，把努力用在刀口上，懂得聽取別人的意思，懂得待人處事

階段6 缺乏自信而自我毀滅的階段（160頁）

- ☐ 儘管懂得做事的要領，卻覺得自己越來越沒自信
- ☐ 覺得自己很容易害羞
- ☐ 有時會被人看出可愛的一面，成為別人疼愛的人
- ☐ 身段很軟
- ☐ 「有自信」與「自卑」的比例大概是1比9

階段7 以失敗收場的階段（166頁）

- ☐ 很會忍耐
- ☐ 總是不斷地告訴自己「沒事沒事」「總會有辦法的」
- ☐ 認為不管遇到什麼問題，都能靠氣勢解決
- ☐ 有時會覺得很挫折，陷入煩惱的漩渦或是自怨自艾的模式

階段8 覺得總有一天能達成目標的階段（174頁）

- ☐ 知道自己擅長的領域，卻不知道該如何發揮才能
- ☐ 希望有朝一日能發揮才能，讓身邊的人刮目相看

找出「想做的事情」為何讓你煩惱

自我分析表

請在下表中勾選符合自己的項目，讓我們從確認自己處於哪個階段開始吧！

階段1 當個「好人」的階段(126頁)

- ☐ 沒有討厭的人
- ☐ 人緣很好
- ☐ 常常透過自嘲炒熱氣氛
- ☐ 好像沒有對他人的厭惡感
- ☐ 不擅長示弱、求救與撒嬌
- ☐ 常被別人當笨蛋

階段2 藉由思考導出答案的階段(132頁)

- ☐ 隱約察覺自己「對於他人的厭惡感」
- ☐ 不願讓厭惡感化為實際的語言
- ☐ 學過很多事情，但卻想不起擅長什麼
- ☐ 不想被別人命令與引導
- ☐ 不懂得放鬆心情
- ☐ 覺得單純、容易相信別人的自己很可笑

階段3 無法接受善良與軟弱的階段(140頁)

- ☐ 覺得保持冷酷很重要
- ☐ 有時會被別人覺得很可怕
- ☐ 討厭濫好人
- ☐ 覺得「別人的想法無所謂，我就是我」

階段4 為了滿足他人期待而自我毀滅的階段(148頁)

- ☐ 做什麼事情都得心應手
- ☐ 覺得自己漸漸失去優勢而焦慮
- ☐ 覺得沒辦法不斷努力的自己必須改進
- ☐ 不了解放鬆心情，重視自己是什麼感覺

本書的架構

幫助隱性高敏感族找到「想做的事情」

隱性高敏感族很想發揮自己的潛能，得到社會的認同，並發揮一己之力。如果自己的潛能恰巧是「想做的事情」，那一定很幸福對吧？本書為了幫助隱性高敏感族找到「想做的事」，度過充實的人生，將透過以下四個章節，說明隱性高敏感族一定要知道的事情。

第1章

本章將說明隱性高敏感族為什麼無法停止「尋找想做的事情」。如果現階段的你，也不停尋找自我或是探索天職，有可能是因為身為隱性高敏感族的你總是想要「配合周遭的人」，這也是高敏感族的特質之一。

第1章除了說明隱性高敏感族為什麼「不斷尋找想做的事情」，也會介紹

找不到想做的事情的原因。希望能讓大家了解，隱性高敏感族之所以覺得痛苦，與找不到想做的事情有很大的關聯。

在這一章，我也會進一步提到隱性高敏感族不知不覺中為「想做的事情」設下的限制。這些自己替自己設下的「規則」，或許正是讓你沒辦法做想做的事的束縛。

第2章

介紹隱性高敏感族的**十個潛能**。

許多隱性高敏感族都擁有與眾不同的才能（只是也有很多不擅長的事情）。

儘管隱性高敏感族擁有這類才能，卻總是拿自己與別人比較，也比別人更容易不安、焦慮、進退兩難、後悔、沮喪、人際關係不佳以及覺得自己懷才不遇，所以沒辦法發揮潛力。隱性高敏感族的人想做的事情與覺得快樂的事情，本來就難以被一般的觀點理解，所以只要接受這件事，隱性高敏感族就能自發性地開始活用潛能。長久以來因為配合「旁人的眼光」與「周遭的期待」，隱性高敏感族總是埋沒了自己「真正想做的事情」，而為了把它們挖掘出來，就要先了解自己的才能是什麼。

第3章

這章要帶大家了解自己處在「尋找想做的事情」的哪個階段，**同時說明該做哪些努力，才能朝著想做的事情前進**。

對於隱性高敏感族來說，了解自己的真心，以及被別人看穿內心，是件有點可怕的事情。

本章介紹的技巧，不是勉強隱性高敏感族暴露自己的真心，或是非得跟他人掏心掏肺不可。

本章的目的反而是讓大家知道，適時地隱藏自己的內心，其實是非常重要的事情。

由衷地接納和理解這點，隱性高敏感族就不會害怕知道自己想做什麼，最終也能踏出第一步。

第4章

這章要介紹的是隱性高敏感族必須注意哪些事情，才能做想做的事，過想過的生活。

害怕失誤的隱性高敏感族，會在不小心犯錯的時候手足無措，或是因為放不下錯誤而變得沮喪，讓自己陷入難以承受錯誤的困境。對於隱性高敏感族而言，犯錯的影響非常深遠。

如果隱性高敏感族在做想做的事情的時候，不知道該如何處理隨之而來的失誤，就會因為「犯錯很可怕」而放棄想做的事情。學會與犯錯的自己相處，是找到想做的事情，並予以實踐的重要步驟。

此外，透過詞彙表達心情是隱性高敏感族必須學會的技巧，所以第4章也會介紹這項技巧。

目錄

第2章

隱性高敏感族擁有的十項潛力

第3章

隱性高敏感族找到「想做的事」的方法

第4章 隱性高敏感族得以發揮才能，發光發熱的祕訣

第1章

說不定你也是「隱性高敏感族」？

總是「在尋找想做的事情」的理由

「我很想活用自己喜歡的某個事物，把興趣變成工作，但是，這個『事物』到底是什麼呢」

「我很想把『對人有貢獻的事變成工作』，但我卻不知道怎麼把它跟工作串起來」

「我發現我只是一直在反覆接受體面的工作或公司的面試而已。我一直覺得在賺錢餬口之前，沒空談論『夢想』或是『想做的事』……可是我又覺得，一直做不想做的工作，最終也是無濟於事」

在過去的諮商經驗之中，真的有很多高敏感族有著類似的想法。你是否也感同身受呢？

「雖然想靠著想做的事活下去，但不知道那件事是什麼」，這句話有兩種意思，大致可以分為：

① 無法明確知道自己真正想做什麼

② 雖然知道自己想做什麼，卻沒有勇氣踏出第一步

每個人或多或少都有①與②的情況。比方說，工作處於①的「無法明確知道自己真正想做什麼」的狀態，學習英語會話卻屬於②的「雖然知道自己想做什麼，卻沒有勇氣踏出第一步」的狀態。

不管是哪種，一開始都不會是「不知道想做的事情是什麼」或是「不敢為了想做的事情踏出第一步」的狀態。

我的意思是，每個人一開始**都是「知道自己想做什麼事情」而且敢於踏出第**

一步的狀態。

只不過，**時間一久，就只敢將真正想做的事情埋在心裡，慢慢地也忘記自己真正想做的事情**。

會變成①的「無法明確知道自己真正想做什麼」的理由，應該是在說出想做的事情之後，周遭的反應不如預期，只好把那些「好棒喔，好想試試看」的事情埋進內心深處。

雖然一開始只是「想做的事情不足為外人道」，自己還是知道自己的真心的；但久而久之，連自己都會搞不清楚自己到底想做什麼了。

②的情況則與「擔心旁人的眼光」息息相關。如果說了想說的話，做了想做的事，身邊的人會怎麼說我？雖然很想實踐自己的想法，但因為察覺到了別人的想法，所以選擇低調行事，為自己想做的事情踩剎車。

這種狀態的人就是所謂的**隱性高敏感族（HSS型HSP）**。

不過，對隱性高敏感族而言，不是知道了想做的事情就能去做，也不是鼓起勇氣就能踏出第一步，事情可沒有這麼單純。

之所以會這樣，全是因為隱性高敏感族**已經習慣於不做想做的事情**。

隱性高敏感族之所以會習慣放棄，全是因為他們**「很能幹」**與**「很敏銳」**，總是能把交辦事項作出一定水準。

隱性高敏感族不斷被周圍的人要求做那些「該做的事」，屬於自己的時間就被填滿，就算真的有想做的事情，也沒有時間去做，而且也沒辦法得到別人的許可。

隱性高敏感族很習慣看別人的臉色，也覺得只要身邊的每個人滿意，自己也會很滿足，所以總是會告訴自己「那些想做的事情以後再做就好」，習慣性地拖延。

但如果一旦別人告訴他「你可以去做想做的事唷」，隱性高敏感族反而會陷入「沒有想做的事情」「不知道想做什麼」「沒辦法做想做的事」的狀態。這還真是諷刺對吧？這就是因為隱性高敏感族明明很能幹，心思也很敏銳，卻習慣忽略自己想做的事情。

如果一直陷在這種狀態之中，就會失去自信，也會開始否定持續拖延「想做的事」的自己。

隱性高敏感族會強化這種自我否定：「沒想到我連想做什麼都不知道，我還真是個廢物啊」，也會一直糾結於尋求解決之道。

原地踏步的理由1
不隱藏自己的「敏感」就活不下去

其實隱性高敏感族之所以會為了「想做的事情」煩惱，全因與生俱來的「敏感性」（HSP）。他們是非常敏感的人，所以不管做什麼，都會對過程中的大小事產生激烈的反應。

不過，他們自己也知道過度反應很丟臉，也會破壞當下的氣氛，所以就必須學會隱藏這類反應，否則就活不下去。

隱性高敏感族很容易受驚，也很怕冷，不愛喝很刺激的飲料，會因為一點風吹草動就嗅出狀態不對而陷入不安，也很容易被別人的情緒影響，而且覺得只有自己過度反應很可恥。

不管是開心還是難過，隱性高敏感族情緒的起伏都很劇烈。如果在開心的時候，發出讓旁人大吃一驚的笑聲，他們會覺得自己無比丟臉，與交情很好的朋友道別時，又會覺得非常難過。

雖然隱性高敏感族習慣裝沒事，卻總是不斷地思考該怎麼與自己起伏劇烈的情緒相處，他們知道過度反應會引人側目，所以總是習慣隱藏自己的反應。

隱性高敏感族總是努力地隱藏那些超乎常軌的個人敏感與感受。

或許就是因為這樣，所以他們不管想做什麼，都會忍不住對旁人察言觀色，也會將自己想做的事情埋在內心深處。

原地踏步的理由2

無法同時兼顧「追求刺激的好奇心」與「擔心旁人眼光的纖細敏感」

隱性高敏感族的「HSS（High Sensation Seeking）」是「追求強烈刺激

（對他們而言）的人」的意思。

有HSS特質的人，喜歡新資訊、新想法，總是會被新穎的事物吸引，也會不斷地追尋這些事物，這一點已得到美國心理學家馬文祖克曼（Marvin Zuckerman）的研究證實。一般認為，在過去的原始時代，這種喜歡追求新刺激的人，比較容易獲得糧食與繁殖的機會（引自《Thrill!》，Tracy Cooper）。

由於擁有這種人格特質，所以隱性高敏感族比一般人更有好奇心，也對各種事物有興趣。他們之所以會對大家都沒什麼興趣的事情感興趣，全是因為這種HSS的人格特質。

可是，當他們受到好奇心的驅使，多方嘗試不同的事物之後，身邊的人卻是給他們「蛤？你在幹嘛？」的反應。旁人的這種眼光，會讓隱性高敏感族覺得自己「是不是好奇過頭了？」這些眼光，在隱性高敏感族心裡，變成了一種告誡或是警告的光線。

一旦隱性高敏感族感受到這種壓力，另一個特性「HSP」就會啟動。纖細而慎重的另一面便開始蠢蠢欲動。

別人無心的一句話，或是一般人覺得沒什麼的事情，都有可能讓隱性高敏感族受到傷害。

或許你不覺得自己受傷了，但如果這些事情**「一直在腦中轉個不停」，就代表你的心其實已經受傷了**，因為你就是這麼的敏感，即使輕輕一縷微風，也有可能被你當成暴風。

此外，就算聽到別人讚美你「很積極」「很有幹勁」，你也只會曲解成「沒有人會說真心話」，沒辦法理所當然地感到開心。有時候別人會因為這種態度而跟你說「就坦率地接受讚美嘛」「你還真是個不坦率的人啊」，甚至被人否定。但是別人的這些建議，也只會讓情況越來越糟。

隱性高敏感族的人的真心話其實是：「我就知道你們不是真心讚美我，所以

才會那麼說」。

隱性高敏感族就是不懂得如何在追求刺激的好奇心，以及害怕旁人眼光的纖細間取得平衡，也不知道該怎麼擺脫來自周遭的刺激，所以才會遲遲無法朝自己想做的事踏出第一步。

原地踏步的理由3
熱愛學習的隱性高敏感族常可創造佳績，也容易遭受他人嫉妒

隱性高敏感族不僅擁有敏銳的潛意識與良好的理解力，也擁有**能夠認真學習，學什麼都吸收很快的特質**，所以只要想學什麼，很快就能嶄露頭角。

不過，有些人並不樂見這種結果，有些人反而會因此心生嫉妒或不滿。由於隱性高敏感族比誰都在意周遭的反應，所以在這樣的情況下，沒辦法正常地發揮實力。

隱性高敏感族之所以會不知道「想做什麼」，有一部分原因是害怕自己因為努力學習而嶄露頭角，於是躊躇於發揮能力，避免讓自己太出風頭。也有可

能是因為這些行為，所以才讓他們不得不放棄想做的事情（這部分會在40頁的「讓隱性高敏感族不知道『自己想做什麼事情』的起因」一節說明）。

即便有「想做的事」，卻又怕因而破壞人際關係，或許對於在各種領域擁有才能的隱性高敏感族來說，是件無可奈何的事情吧。

原地踏步的理由4
隱性高敏感族總是很拼命，所以總是身心俱疲

高敏感族（ＨＳＰ）本來就是**很容易陷入不安的一群人**。

尤其具有ＨＳＰ特質的隱性高敏感族，在陷入不安之後，**更是會想辦法消弭不安的情緒**。

所以他們會因此陷入焦慮，覺得「不做點什麼不行」，因而過度努力。

但是，就算他們因此達成了某些成果，也沒辦法享受成就感，還會反過來告訴自己「不可以因為這點成績就滿足」「還得更努力」，把自己逼入絕境。就算締造了些成績，反而讓自己更加不安。或許可稱之為「滿足的飢渴狀態」。

過去的我也總是不滿意自己的成就。

一直到孩子開始上幼稚園的時候，我才發現「不滿意自己的成就」是件很奇怪的事情。

記得還在前公司服務時，每個人都有所謂的目標值，我的主管也為了達到目標而拼命工作，但是我在幼稚園遇見的媽媽們卻都一副很有餘裕的樣子，兩者之間的溫差讓我非常吃驚。

在這塊地處東京近郊、略顯悠哉的土地，總是不安、焦慮、拼命做事的我，在幼稚園的家長之中顯得格格不入。

「妳為什麼要那麼拼啊？」這句話聽在我的耳朵裡就像在說「妳很奇怪」。

當我與不同類型的媽媽變熟後，我才發現似乎沒有人跟我一樣，覺得「人一定要找到該做的事情才對」或是「如果能找到想做的事情，我的人生一定會更充實」的想法，她們似乎都不急著追求超越現狀的什麼。

這讓我的腦袋陷入混亂。這是因為當時我還不知道ＨＳＰ或是ＨＳＳ型ＨＳＰ是什麼，所以總以為大家應該都會跟我有一樣的感受與想法。

之所以遲遲不敢做想做的事情，或許正是因為我總是拿拚死拚活的自己與旁人比較，然後覺得自己矮人一截的緣故。

這種現象源自低敏感族（非ＨＳＰ）與高敏感族（ＨＳＰ）對於**「想做的事情」的認知差異**。

滿足於現狀，總是一派從容的低敏感族會覺得**「有想做的事情就去做啊」**，**總是樂觀地看待自己想做的事情**。

據說非ＨＳＰ的人口佔總人口的八成，大部分的人都與自己「想做的事情」非常接近。

就算因為某些意外打擊，也能接受身心狀態只是一時變差而已，等到時間經過，情況很快就會改善，又可以繼續做自己想做的事情，維持比較健康的距離感。

反觀相對少數的高敏感族**總是覺得「要先改造自己」**或是**「超越自己」**才能做想做的事情。對高敏感族來說，想做的事情是那些**「能讓自己全心投入的事**

情」「讓自己沉醉的事情」「讓自己專心致志的事情」，是需要努力才能獲得的寶物，也是遠在天邊的夢想。

高敏感族認為只有在全心投入之後成為理想的自己，這件事才夠格稱為「想做的事情」。正在實現夢想的自己，等於成為理想的自己，而為了變身成理想的自己，高敏感族總是不斷地掙扎。

對於隱性高敏感族來說，「正在做想做的事情」是為了消除不安，而改造自己並且拼命向前衝的狀態。換言之，這其實是一種非日常的、把自己逼入絕境的狀態。

可是，沒有人能夠一直維持把自己逼入絕境的非日常狀態，所以終究會打回原形。一旦回歸正常，隱性高敏感族又會因為覺得自己不夠努力而感到不安，因為沒有在拼命衝刺。結果花在消除不安的時間反而壓倒性地多。

當他們為了想做的事情而全力衝刺時，心中的不安會稍微減弱，他們也會像是充飽了電一樣，覺得很安心與放鬆。隱性高敏感族為了擁有如此短暫的安心與放鬆，總是拼命地尋找「想做的事情」。一旦找到「想做的事情」，就會整

低敏感族（非HSP）

覺得「有想做的事情就去做啊」

高敏感族（HSP）

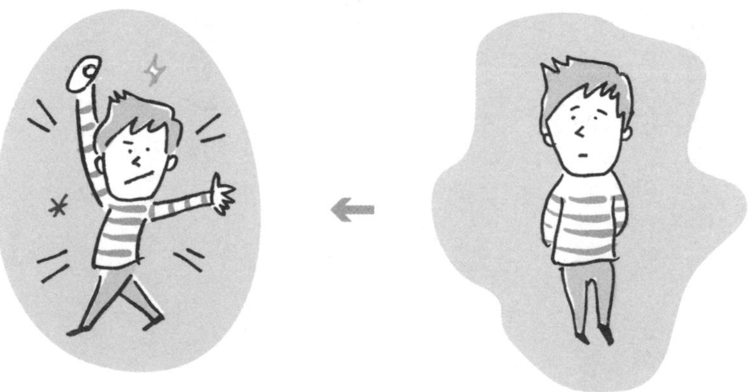

覺得得先改造自己才能「做想做的事情」

個人一股腦地栽進去。

能在這種狀態下工作是件非常幸福的事情對吧？所以我望大家都能找到有興趣的事情，或是能夠全心投入的事情，更希望大家把這些事情變成工作。

不過，**這個社會是為了百分之八十的低敏感族所打造的**。

身處現有社會架構中的隱性高敏感族，雖然也會想要經歷上述的變身、埋首興趣，從中穩定賺錢餬口，但想要隨心所欲地做自己想做的事情，就必須擁有一定的社會地位，在那之前，就得迎合現有的社會規範，先創造成績。即使心中不安，只要能假裝自己沒事，配合身邊的人（非ＨＳＰ的人）一起完成工作，就能擁有更多自主權，工作也會更加自由。

不安全感是隱性高敏感族的基本設置，或許有些人會覺得，可以試著與同事、上司或是專家聊聊這些煩惱，但有時候非但無法得到理解，還會被人說「想太多」或是「放輕鬆」「大家都一樣」，心裡反而更混亂了。

由於社會大眾還不太了解隱性高敏感族的這份特殊，所以高敏感族只能先自行了解自己與別人的差異，並且一邊認識自己與社會格格不入的原因，然後不斷地向前進。

隱性高敏感族也能變得遲鈍嗎？

有些人或許會想：「既然如此，隱性高敏感族（HSS型的HSP）有辦法變成低敏感族（非HSP）嗎？」

就結論而言，**這是與生俱來的特質，所以沒辦法改變**。

在現代社會之中，高敏感的確有時會被視為很棘手的特質，所以有些人可能會疑惑，隱性高敏感族為什麼不會被淘汰？

照理說，不利生存的特質會在進化的過程中被自然淘汰才對，但是HSP這種纖細而敏感的特質，以及HSS這種追求新鮮與刺激的特質之所以能夠延續，正是因為這兩種特質有利於生存。

擁有這類特質的人，能比大多數的人更早察覺一些徵兆，也勇於挑戰那些別人不敢興趣的事情，挑戰在此之前未有任何成果的領域。

這些特質的人在原始大自然中更有利於取得糧食與繁殖，所以才沒被淘汰。

話說回來，就目前的研究來看，這些特質都還不能斷言是由遺傳決定。

讓隱性高敏感族不知道「自己想做什麼事情」的起因

隱性高敏感族之所以會不知道自己想做什麼事，背後的起因形形色色。但有些起因，卻會讓隱性高敏感族將自己逼入死角，結果便是搞不清楚自己想做什麼事情。

接下來，我將為大家列出一些讓隱性高敏感族將自己逼入死路，不知道自己想做什麼事情的因素。

或許其中也有讓你放棄想做的事情的原因。

希望接下來的內容能為大家解惑，成為讓大家更了解自己的線索。

起因1 明明全心投入，卻沒能貫徹到底，因而失去自信

隱性高敏感族之所以沒能放棄「尋找想做的事情」，是因為沒注意到自己同時擁有**「能夠全心投入」**和**「沒辦法貫徹到底」這兩種完全相反的特質**，並且**曾經因為這兩種矛盾的特質失去自信**。

明明曾經對某事那麼全心投入，沒想到才過一會兒就失去興趣，只剩下為了這件事買來的一大堆工具，大家是否也有過相同的經驗呢？

一般認為，這是HSS這種特質所導致的問題，但是美國心理學家奇克森特．米哈伊博士（Mihaly Csikszentmihalyi）的研究「複雜的人們」的特徵中，也包含這種互相矛盾的特性。

複雜的人們的共同之處在於，**同時擁有兩個正相反的特質，這些特質通常無法相容，卻同時存在於一個人的身上**。

43頁的圖例，就是奇克森特．米哈伊博士列出的「複雜的人們」的特質（這

些特質也酷似53頁介紹的「隱性高敏感族的特徵」）。

除了這十組相對的性格特質之外，博士也列出了下列這些特質。

- **既充滿野心，卻又無欲無求**
- **既喜歡競爭，卻又懂得與他人協調**
- **既具攻擊性，卻又心懷慈悲**
- **心思細膩，卻又十分嚴格**
- **想要主宰他人，卻又善於服從**

隱性高敏感族的腦袋裡總是在想事情，也會不斷地回憶往事，所以很容易從某句話聯想到其他的話題，導致大腦的容量過度負載，馬上忘記前面的內容。就算是閱讀，也可能同一個段落讀兩、三次，或是耽於思考，一直沒辦法繼續讀下去。

這些時間都被隱性高敏感族用來對照書中的資訊和腦中的知識，或是想像書中的資訊與其他的資訊融合之後的結果，這個例子足以說明隱性高敏感族的思

☑複雜的人們的特質

（節錄自《創造力》（時報出版））

■ ■ ■ ■ ■

1 雖然身體很有活力，卻表現得文靜沉穩

2 思路清晰，卻有單純的一面

3 同時擁有玩心與自律心

4 穿梭於幻想與現實之間

5 在外向與內向的兩端之間遊走

6 非常謙虛的同時又很傲慢（既批判自己，懷疑自己的創意，卻又對自己的成就很有自信）

7 不受傳統性別成見的束縛，具有兩性開放的態度

8 雖然既傳統又保守，卻又很叛逆與顛覆傳統

9 很熱情又極端客觀

10 因被孤立、誤解，以及隨之而來的嘲笑，惆悵與空虛所困，卻又很喜歡全力以赴、做到最好

考活動有多麼旺盛，一旦滿腦子都在想像，就會沒完沒了對吧。

此外，在正式投入某件事情之前，隱性高敏感族會先預測可能發生的事情，於是有可能變得不安、覺得麻煩或是過度期待，最後在動手之前就放棄這件事情。如果不採取行動、坐著空想，現實也不會有任何改變。

因為這樣，隱性高敏感族會用「不是零就是一百」的極端思考，斷定自己「什麼事也做不成」（儘管事實不是如此），然後將自己逼入絕境，這就成為讓他們越來越沒辦法做想做的事的起因。

起因2

沒人理解「想從根本解決問題」的想法

隱性高敏感族打從心底希望從根本解決問題，不要再遇到相同的問題。他們很討厭一件事做兩次，或是效率不彰的問題。

或許因為這樣，讓他們非常擅長提出方案，改善那些拖拖拉拉、浪費時間人力的業務。這也源自隱性高敏感族急性子，最討厭沒效率的人格特質。

可是，身邊的人很難了解這種人格特質。

他們會覺得別人不能理解自己是不可思議的事情，也認為「全世界都不想從根本解決問題」。我曾問過隱性高敏感族對這點有什麼感覺。

- 「我覺得，組織總是優先整頓表面的形式，**不太在乎本質面**。說到頭來，就是沒人發現，問題應該要從根本解決吧？大家只會覺得『本來就是這樣做的啊』，都不覺得這樣有什麼問題，也沒有人會提出意見，所以我以前一直覺得，**該不會是我想太多吧**」

- 「**有得過且過的感覺**。不是政治或經濟那種格局很大的事情，是很日常生活的事情。比方說，明明公司的設備很難用，卻

沒有打算換。簡直讓我覺得大家『好像都在觀望看誰先提出來』，但完全沒有要改變。我之前出自使命感而提出改善方案之後，就被所有人**敬而遠之**。從那次之後，就算我提出一些根本性的解決方案，也會被周圍當成『只會說夢話、沒現實感的怪人』，害得我現在要**提意見都變得很謹慎**」

大家看完這些經驗有什麼想法？特別是在不需要改革也能維持的組織之中，隱性高敏感族是不是會有這種格格不入的感覺呢？

對隱性高敏感族而言，想做的事情就是那些「改善之後就能一勞永逸的事情」。改善之後，那些不方便、不合理、沒效率就會消失，大家也都很開心，沒有比這更棒的事了。

改善現況的動力無法被周圍理解，這種經驗有可能也是隱性高敏感族不敢做想做的事情的起因之一。

起因3
被別人覺得「很貪心」

隱性高敏感族希望**一個動作就能完成很多事情**，他們的目標有點像是「一石四鳥」。

所謂的「四鳥」是指**「滿足好奇心」「發揮自己的實力」「不再為金錢煩惱」「找到做這件事的意義」**。除了能得到快樂之外，隱性高敏感族還希望學到技能，幫助別人，同時賺到錢提升自己的未來。

在世人眼裡看來，當然會覺得隱性高敏感族很貪心了。

可是，以上全部都想要，就是隱性高敏感族最純粹，最毫無掩飾的心情。

但要是直接表達出來，就會被人覺得很貪心，所以隱性高敏感族只能「假裝自己不是個貪心的人」。

覺得不能貪心的G小姐

G小姐分享，幾年前她去諮商的時候，對方委婉地說：「G小姐還真是個貪心的人啊」。

但她其實並不是一個野心寫在臉上的人，而是一位處事穩重，氣質清新動人的女性。

可是她總是覺得自己內心那股強烈的欲望「異於常人」，她在諮商的時候表達自己的想法，卻被諮商師說是「貪心的人」。聽到這句話的G小姐恨不得當下走人。她也很後悔跟諮商師說出心中的欲望，所以她便決定「貪心是一件壞事」，也不斷地告訴自己「在這世界上，我已經算是很幸運的了，不應該再奢求更多」。

從旁人的角度來看，說出這種話的G小姐或許真的「很貪心」。

隱性高敏感族為了不被別人責備，基本的求生之道是隱藏自己很貪心的事實，所以才會不知道該以「貪心的自己」還是「不貪心的自己」為優先活著。

這種因為向別人敞開心房，反而讓自己更不了解自己的情況，很容易在隱性高敏感族的身上發生。

起因4 「沒辦法專心做一件事情」而被當成有缺陷的人

對隱性高敏感族來說，在大學畢業之後學以致用，找到適合的工作，一輩子只走這條路的生活方式非常困難。

這不是在說隱性高敏感族沒能力或不夠努力，反而是因為**隱性高敏感族在進入某個特定領域之後，便會找到其他想做的事情，進而偏離原本的道路**。此外，**反覆做相同的事情也讓高敏感族覺得很痛苦**，這也是他們無法只走同一條路的原因。

隱性高敏感族喜歡見識各種事物，也想要全心學習與精通這些事情，所以無論是不是自己最理想的工作，只要有必要學習，不管是哪個領域的工作，都會從學習過程之中找到樂趣，然後學會很多項技能。

儘管隱性高敏感族如此聰慧，但這種做事方式卻很難獲得一般人的認同，有時候甚至還會被當成有致命缺陷的人，也常因為沒辦法在同一個領域努力，而被貼上不會成功的標籤。

在我還是上班族的時候，我曾經去人力銀行註冊會員。當我提到「我想要轉換跑道到其他行業」時，負責諮商的男性果然露出苦笑的表情。

看來在日本，工作者要穿梭在不同業種之間，恐怕還是件很困難的事，也難以得到認同。來找我諮商的隱性高敏感族，似乎也曾為了跳槽至其他業種而大費周章。看來想一直換工作，不想在同一個工作花太多時間的人，還需要一段時間才能得到旁人的認同。

這種社會氛圍，也是讓隱性高敏感族不知道自己想做什麼事情的起因之一。

起因5 「體察力」未能得到好評

隱性高敏感族能夠**「敏銳地感受別人的心情」「觀察情況並做出適當的應對」「早一步注意到別人的身體狀況欠佳」「讓創意往好的方向發展，改變整體的走勢」**，這些「低調行事」的特質就是隱性高敏感族的賣點。

不過，這種默默體察的能力很難得到「好評」，想必這點不用多做解釋了吧。不難想像，一個人如果沒辦法得到周遭的認同，就有可能找不到自己想做的事情。

再者，隱性**高敏感族覺得把自己的貢獻化為言語說出來並非美德，也覺得邀功的行為很難看**。

雖說別人該觀察的時候還是會觀察，但等待別人發現自己的好，並帶來直接的好評，力道還是遠遠不及自己推銷自己，世間的道理就是如此。

「對！那件事是我完成的！」就算職場的氣氛讓大家可以表現自己的功勞，隱性高敏感族應該也不會想大肆強調自己的成績。而且周圍的人通常也只是默默在心裡覺得「這個人好厲害」「有這個人在真是幫大忙了」而已，不太會真的說出來，於是隱性高敏感族的好評就這樣被埋沒了。

當隱性高敏感族沒辦法得到別人的認同，慢慢地就會無法認同自己，也會失去自信，同時開始告訴自己「我這種人哪有能力做想做的事」。可惜的是，隱性高敏感族的「體察力」明明是一種非常可貴的能力。

看到這裡，大家是不是覺得，讓隱性高敏感族不知道自己該做什麼事情的因素，真的到處都是呢？

應該也會有人想說：「都已經知道阻止自己前進的因素是什麼了，那就不要被這些因素綁手綁腳，全力去做想做的事情不就好了？」但隱性高敏感族的心理構造，就是沒辦法這麼簡單地踏出第一步。

如果你也想發掘自己想做的事，而且實際付出行動，請務必參考後續章節介紹的內容。

☑隱性高敏感族的特徵

- 雖然敢於大膽行動並且外向，內心卻很容易受傷
- 看似與人和善，卻常常因為別人無心的一句話而糾結
- 雖然會用自嘲梗講笑話，但是被人虧得太嚴重，內心也會受重傷
- 喜歡有趣與令人感動的事情，追尋讓內心煥然一新的體驗，對各種領域興趣
- 比起從零創造1，更擅長把1變成2
- 經常靈機一動想出讓事情更上一層樓的好點子
- 會為了解決別人的煩惱或是麻煩而盡力尋找方法
- 一旦開始做某件事，就會全心投入
- 對別人已經在做的事情沒有興趣，反而想做沒有人在做的事（喜歡探索未知的領域，讓自己成為該領域的第一把交椅）

為「尋找想做的事情」畫下終點

接下來為大家介紹一些隱性高敏感族，透過講座或是諮商，最後找到想做的事情的實例吧。

第一位是看到情況改變，才發現自己錯誤解讀自身處境的實例。

發現「原來我真正想要的不是換工作」的S小姐

S小姐在持續自我進修與自我覺察幾個月之後，公司決定讓她升官。她原本心裡總是有股不滿，覺得「自己的工作績效沒人認同」，但在升職之後，才發現「其實公司一直都很看重她」。

她原本覺得「這份工作不適合自己」，但獲得升遷這件事，讓她變得不在意了。所以她也不再想跳槽的事，決定在原本的公司再繼續工作看看。她真正的需求並非換工作或是找到有興趣的職業，而是**「得到認同」**。

接著是藉著了解自己、接受自己，從「不知道想做什麼」的狀態瞬間切換成知道自己想做什麼的實例。

原本「想升職」「想得到尊重」的W小姐

W小姐為了不被同職級的同事看扁，也為了增加自信，開始參加晤談與自我進修。

她原本的目的是「想要變得更厲害，並且克服自己的軟弱」，但在持續幾個月之後，她發現「雖然一直想讓自己看起來變厲害，但更重要的事情是打從心底接受自己是個軟弱的人」，她也因此發現，繼續待在那個需要不斷展現能力、證明本領的公司沒有任何意義可言。

她真正想要的不是「升職」「尊重」與「認同」，而是想要得到與**顧客、同事和平相處，一起工作的時間**。於是她便辭掉新創公司的課長一職，跳槽至能平心靜氣工作的服務業。

第三個實例則是在找回初衷後，得以從其他角度重新審視原先認為絕對沒錯的選擇，最後放棄想做的事（離婚與再婚）的實例。

一直想與「值得炫耀的前男友」再婚的T小姐

T小姐是一位有小孩的女性，但卻想跟丈夫離婚。她在婚後總是很後悔，沒能和那個值得向人炫耀的前男友走到婚姻這一步。所以她便來找我諮商，問我「該怎麼做，才能夠安撫這種躁動與解決這個情況呢？」

在那之後，她便參加了一陣子的晤談與自我進修。

當她懂得內觀自己的內心之後，才發現『其實老公很在乎我、很費心思疼我，一直都非常真摯地面對著我」。雖然她是在想要跟丈夫離婚後與前男友再婚的念頭下才開始自我探索，但是在她探索的過程中，卻發現**自己對幸福的定義似乎有問題**。

她也總算懂得重新好好面對自己的伴侶。

她也對我說：「我一直以為我當年是選了一個將就的對象結婚了，但現在發現這可能只是我的誤解罷了。所以我再也不會像以前那樣，動不動就因為老公的一舉一動生氣，也不斷地在他身上發現前男友沒有的優點」。

同時考慮到小朋友，所以她也就不打算離婚，也結束在我這邊的課程。

找到自己真正想做的事情，也是**從根本重新觀察自己**。

那些「好像很想做的事情」往往是「社會上覺得很厲害的事情」「容易得到讚美的事情」「父母親覺得驕傲的事情」「大家都在做的事情」，都是從別人的角度評價的事情。

做這些能搏取他人讚賞的事情，力不從心也是理所當然，因為這些事有可能不是自己打從心底想做的事情。

在這種時候，大部分的人都會把這些事情形容成「這是不得不做的事情」或是「這本來就是一種義務」。

但是，**「假如現在同時有好幾件想做的事情，我又是如何形容這些事情的呢？」**不妨問問自己這個問題。

假設是以「最好能把英文學好唷」或是「一定得努力去做才行」這種**命令自己的口吻**，很有可能代表這些事並非你真正想做的事情。

隱性高敏感族若能有自覺地理解自己的特質、傾聽自己的心聲，就能找到真正想做的事情。如果出現了想做的事情，不妨就先試著做做看，一旦做到一定的程度，自然而然就會知道**下一件**真正想做的事情是什麼。

以「五層次需求理論」聞名的美國心理學家馬斯洛（Maslow）曾在《動機與人格》（商周出版）中提到，當需求得到一定程度的滿足（馬斯洛認為是75%），下一個需求就會慢慢浮現。

換言之，「想做的事情」**只要能在現實上動起來並且被滿足，就會慢慢地進入下個階段**。

沒有人能忍受一直原地踏步，只要現階段得到一定的滿足，就會進入下個階段。比方說，就算現在不知道想做的事情是什麼，只要能接受「不知道」這件事，就會進入「找到想做的事情」跟「實踐想做的事情」的階段。一旦改變了現狀，想做的事情也會跟著改變。

在下一節中，我希望大家能發現，隱性高敏感族很容易掉進「想做的事情的框架」這件事。

「想做的事情」的定義可以更自由

隱性高敏感族為了符合世間的「普通」和「標準」，很容易鄙視自己發自內心想做的事情。

明明只要相信直覺，不顧一切地去做，就能發揮潛力，但隱性高敏感族就是更容易突然氣餒，沒辦法發揮實力。

如果與別人比較可以鼓舞自己，那還算有點加分（在二十幾歲之前，大多數情況下都還能發揮正面價值），但因為隱性高敏感族很容易在與別人比較之後變得自卑或是沒自信，甚至乾脆放棄自己想做的事情，所以最好不要事事都想跟別人比。

在此要為大家介紹的是，避免隱性高敏感族因為過於配合他人，而在「想做的事情」上備感挫折的十個重點。

或許你正忽視自己的直覺，勉強自己成為符合社會價值的人。請察覺這點，為自己找到屬於自己的方式。

重點 1
想做的事情不用太了不起

隱性高敏感族對於一些小發現，總會自我低估，告訴自己「這又沒什麼大不了的」，所以總是想把目標放在「想做那些會被別人讚賞的大事」上，想要一口氣釣一條大魚上岸。

不過，這種釣大魚心態很容易造成心理負擔，緊張與壓力也會猛烈攻擊潛意識。所以不妨先把「最後端出亮眼成績」這件事放一邊，理解自己就是不抗壓，一步一腳印地從完成小小的成績開始累積。這對隱性高敏感族來說，才是最理想，最快達成目標的捷徑。

讓我們從「雖然改變了一點點，感覺卻很不錯呢！」的小事開始，在完成這

些小事的同時，也能讓自己保持「想成就一件大事」的感覺。

重點2
想做的事情不一定非得成為工作

如果你的前提是「想做的事情」可以變成一份工作，然後用它賺錢，那麼範圍就會變得很窄。建議大家在一開始的時候，可以先從不變成工作也無妨的事開始。

例如「之前幫人處理事情讓我很有成就感，於是我也試著查看看更好的做事方法，想著以後實踐看看。等到下次別人再找我幫忙，這些更好的方法就能派上用場了」以這種比較輕鬆的態度面對，想做的事就不會變成心理重擔。

隱性高敏感族在低心理負擔下更能發揮潛力，所以**別一開始就滿腦子想著「要靠它賺錢」，輕鬆的心態反而更能幫助別人，同時也讓人開心，創造雙贏的局面**。這樣一來，就會覺得「其實我也挺行的嘛」，整個人也更容易變得更積極樂觀。

隱性高敏感族不喜歡「跟上次一樣」，總是希望每次都可以有一點改善與升級。若能用一種慢慢地改善過往做法的心情做自己想做的事情，一定能讓心情愉悅許多。

只要能像這樣慢慢打磨自己喜歡的事，有一天也可能會變成一份工作。

如果你把興趣變工作當成目標，可以試著先在社群平台上發表自己改善了什麼，以及改善的切入點，說不定就能創造收入，找到做這件事的意義，開創不同的未來。

重點 3 想做的事情不一定非得被稱讚才行

假設做「想做的事情」的前提是要被人稱讚，一旦沒能獲得別人的讚美，就會開始懷疑「該不會這不是我真正想做的事情吧」。

建議大家先別管自己想做的事會不會被人稱許，**而是要從問自己「到底想不想做這件事」開始**。

「想要被某人稱讚」「想聽別人說自己很厲害」「想要得到認同」當然不是壞事，也是人之常情。做得很好就會期待被讚美，所以也不需要就此否定「想要得到別人的認同是件膚淺的事」（隱性高敏感族常常看不起膚淺以及不知天高地厚的自己）。

得到別人的認同當然很開心，被別人讚美就會充滿幹勁，所以完全不需要覺得被人認可的這份欲求有什麼好糾結的。

說得極端一點，追求滿足被認可的欲望，有時候還真有必要。因為不斷地得到別人的讚美，讓自己適度地自滿，也能鞏固自己的地位，這些都可以讓生活變得更順利。

所以，**請先讓自己分清楚吧**。

到底是為了滿足認可欲而做這些事，還是無論別人怎麼說，自己都還是可以覺得很充實，滿心歡喜地做這些事呢？如果你能有自覺地辨別，那麼不管能不能得到別人的認同，都能心滿意足地繼續做想做的事。

重點4 想做的事情不一定非得是擅長的事情

隱性高敏感族從小就是很敏銳的人，所以就算不是想做的事情，也能做得不錯。看在旁邊的大人眼裡，有時候甚至會覺得「這小孩很有天份」（在諮商的時候，這點常常被提出來）。

不過，對隱性高敏感族本人而言，就算在某個方面很有天份，也不一定很想在該方面發揮自己的才能。我曾在提供諮商服務時，遇過以下的案例。

擅長的事情不是「想做的事情」的S小姐

擅長拉小提琴的S小姐，曾持續練琴好長一段時間。她的父母親對於她在小提琴上的天份很是自豪，身邊的人也總是不斷地誇獎她，她也很努力練習，累積了一定的實力。身邊的人都期待她有朝一日能成為演奏家。

不過，她卻在高中的時候放棄了。

在猶豫了好久之後，她總算能對父母親說出「我不想再拉小提琴了」這句話，但是卻得到「妳辜負了我們」的回應，以及「你知道我們為了妳，耗費了多少心血嗎？」

身邊的人也挖苦地說「浪費才能會遭到報應唷」，或是罵她白白浪費了金錢、時間與心力，她與父母親的關係也瞬間惡化，再也沒辦法與家人見面。

這是大人對小孩的才能投注過度期待，導致小孩不敢朝其他領域發展的實例，但**這個前提建立在，一般常識認為，「才能是很特別的寶物，只有少數老天眷顧的人才配擁有」**。

「真是可惜」「真是暴殄天物」「真是奢侈的煩惱」「明明還大有可為，為什麼就放棄了呢？」身邊各種覺得不可思議的質疑，讓她無法坦率地告訴那些對她抱有過度期待的大人「這真的是我想做的事情嗎？我真的要繼續做這件事嗎？」這股在心中不斷膨脹的自我懷疑。

在無處求援的情況下，一直支持自己的人的態度卻又是翻臉不認人，的確是件很痛苦的事。

我想透過這個實例告訴大家，**「就算是擅長的事，也沒有非做不可的必要」**這件事。

反之，**就算不是擅長的事，只要你想做就做**。試試看也無妨。你可以告訴大家「雖然我可能不太擅長做這件事，但我還是想試試看」。

重點 5
想做的事情可以一直換

如果你是隱性高敏感族，最好**知道自己沒辦法長時間一直做同一件**「想做的事情」。

這是因為隱性高敏感族往往對很多事情有興趣，而且具有一旦知道自己能做到什麼程度之後，就會立刻喪失興趣（也可以說是膩了）的特質，所以即便眼下有想做的事，也最好先告訴自己，想做的事會每隔幾個月或是幾年就改變。

可是「想做的事情就該窮盡一生努力做下去」的這個大道理或是常識，卻會成為阻礙。隱性高敏感族本來就知道自己的行為模式有違常識，卻習慣硬把自己塞進常識的框架之中。

於是他們會告訴自己「想做的事情就該是能長期一直做下去的事情」，跟著外界價值一起壓抑自我。

隱性高敏感族想做的事情，通常壽命都很短（可能性極高）。

但這只是因為隱性高敏感族想做的事情太多，所以才會看起來在短期間內變來變去罷了。因此，隱性高敏感族必須放下持之以恆這個成見，**允許自己不斷地換想做的事**。

重點6
不一定要為了別人或是自己做想做的事情

目前已知HSP的人在看到表情充滿情緒的照片時，大腦與神經會出現比非HSP的人更強烈的反應，尤其是看到心愛的人露出幸福的表情時，反應更是明顯。

換言之，隱性高敏感族會因為看到別人開心的表情而感到喜悅或是成就感，所以很容易把想做的事情的方向設定在「必須對別人有貢獻」或是「為了別人做的事」。

不過，其實不必如此執著。有些隱性高敏感族會無意識地放棄那些只有自己獲利的選項。如果你發現自己常常這麼做，不妨問問自己**「我是不是常常不自覺地認為做什麼事都必須『對別人有所貢獻』」**。

將時間用在只讓自己開心的事上，甚至只是讓自己好好休息也無所謂。

過去的我曾有一段時間認為，就算傍晚累得半死，也不可以坐在沙發上休息。明明沒有人這樣要求我，我卻不允許自己休息片刻。

也是這個狀態讓我有所警覺，並開始和自己核對**「我現在到底想做什麼事情？」「有誰說這件事不能做嗎？」**

現在休息已經不像以前那樣讓我有罪惡感，我確實也更懂得追求那些讓自己覺得舒適的事情。

反過來說，「想做的事情」不一定非得是那些對自己有幫助的事情。

重點7 想做的事情不一定要有目的

做想做的事情時，「要有個目的才行」「要做出看得到的具體成果」或是「既然都要做了，當然要考到證照」等等，這類適當設定目標的心態，的確能帶來激勵作用。在動力衰減時，有時候設定目標或是終點，的確能讓自己再願意再往前踏出一步。

其實隱性高敏感族反而是很擅長設定目標的一群人，但是否正是因為太過擅長設定目標，而把設定目標這件事當成最終目的了呢？

我的意思是，**在「做想做的事情」時，不一定非得締造什麼成果**。

就算「想做個差不多就好」也無所謂。如果一直被要求要拼盡全力過活，就很容易陷入「必須有所成就」的迷思，但其實大可不必這麼辛苦。因為即使中途「不想做了」，這個「不想做了」也是你「想做的事情」。

重點 8
想做的事情不一定非得是喜歡的事情

大部分的人一聽到「想做的事情」就會往「喜歡的事情」這個方向尋找，但這完全是種成見，因為想做的事情**有可能根本不是「喜歡的事情」**。

隱性高敏感族很頑固，很優柔寡斷，卻也很單純，很固執。

隱性高敏感族明明生性多疑，卻也容易太相信別人，很容易接受所謂的常識或是社會規範，也很常感到自卑，非常容易把否定的言語聽進心裡，是一群自我懲罰、自虐型的人。一旦認定，就不會改變自己的想法。這種特質既是優點也是缺點，因為很複雜，難以獲得周圍的理解。

在尋找想做的事情時，**上述的成見很可能成為強大的阻礙**。只要把「真正想做的事情不一定是喜歡的事情」時時刻刻放在心裡，就能免除許多誤會。

有時候為了砥礪自己，我們的確會想給自己定一個非常嚴格的目標。如果你心裡有個目標，並想要朝著目標前進，即使是自己不喜歡的事，做就對了。

做不喜歡的事情有個好處，就是能讓自己的世界變得更寬廣。建議大家試著從這樣的觀點為自己考慮。

重點9
做想做的事情不用下定決心

隱性高敏感族一旦覺得「我找到喜歡的事情了！」或是「這就是我想做的事情！」，有時反而會突然想要放棄先前努力過的事。

因為**隱性高敏感族的特質之一就是極端，凡事不是0就是100**。

雖然能爽快下決定是件很酷的事，但是我希望大家先等一下。

因為隱性高敏感族也有「容易受傷」「抗壓力不足」這些特質。如果太灑脫，斷絕自己一直以來所走的路，有可能會遭受更大的挫折。

遇到喜歡的事情或是想做的事情，多方嘗試固然是好事，**但最好放下「斬斷退路」「必須果決」「一決勝負」「下定決心」這類心態**。

尤其在有關金錢的部分，更是不能太過灑脫。

決定要做某件事的時候，千萬不要讓自己的收入瞬間歸零，必須一邊嘗試，一邊慢慢融入情況，慢慢讓自己轉型。

因為如果突然陷入零收入的狀態，**就會放大緊張和壓力**。

如此一來，明明有收入的時候能想到的點子也會想不出來，也會對後續的生活造成深遠的影響。

這對自己的經濟情況絕對是一大打擊，所以在做想做的事情時，務必維持「讓自己能夠過得下去」的經濟情況，因為斬斷退路，奮力一搏的方法很不適合隱性高敏感族。

未來當你遇到「需要破釜沈舟的選擇」時，請務必想起「那本書（本書）曾經建議過最好別這麼做」。

重點10

沒辦法做自己想做的事情時，也不用覺得自己是懶人

如果「沒辦法」做想做的事情時，隱性高敏感族有時會把自己逼入絕境，開始責備自己是個「怕麻煩的人」或是覺得「像我這種懶鬼，不對自己嚴格一點不行！」

不過，對於隱性高敏感族而言，這種「軟爛期」反而可能是必要的。

隱性高敏感族**使用能量的方法與大多數人不同，不可能用跟大家一樣的步調做想做的事情**。

隱性高敏感族會以很高的頻率使用能量，所以很快就會用光能量，累得半死，所以才會覺得自己比別人「很容易疲倦」或是「更懶惰」。

隱性高敏感族很容易對各種外在因素產生共鳴，也會承受許多刺激，而且會不自覺地對這些刺激產生反應，所以比一般人更容易疲勞，這些都會導致「自我否定」的負面評價。否定一下子就用完能量的自己，會讓自己陷入自卑的負面循環，反而陷入缺乏動力的負面循環。

例如每天早上，上班跟人擠電車就累得半死，路上為了避免別人入侵自己的領域而繃緊神經，到了公司之後，又得假裝自己一點都不累……這些都需要耗費不少能量。

明明想睡覺，想休息，卻還是榨出體力工作；明明中午想要一個人躲進不受干擾的空間休息，卻還是得配合別人，搞得自己累得半死。久而久之，就會萌生「只有我覺得很累，大家都好有活力喔」這種自我否定與自卑，也會越來越覺得疲勞。

老實說，隱性高敏感族覺得自己很怕麻煩或是懶惰時，通常只是因為能量用光了而已。**下次當你覺得自己怎麼可以這麼怕麻煩時，不妨告訴自己「這是因為我在某個時候耗費了大量的能量」或是「我一直都很小心翼翼，所以現在才會這麼累」**。光是能了解這個狀態，就不會將最後的能量用來否定自己，給自己補一槍。

小說家村上春樹曾在散文中多次提到：「只要自己被滿足，自然就能寫出故事」。村上每隔幾年才推出一次大作，據說在寫作期間，他會刻意讓自己處於不做任何事的狀態，這代表他正在花時間慢慢累積某種創作能量。

被譽為傳說的美國物理學家弗里曼．戴森（Freeman John Dyson）也曾說：「我覺得偷懶是很重要的事情。據說就連莎士比亞，也會在完成一項作品之後放空，直到開始創作下個作品為止」。

前面提過的心理學家奇克森特．米哈伊博士也曾提過，他研究的高創造力人群都擁有「在必要的時候，像是發射雷射般集中能量的能力，一旦不需要集中能量，就會開始像電池般充電」的特質。

「我認為，在怠惰與內省之後發生的活動節律，是他們得以在工作上成功的關鍵。這不是來自遺傳的生理時鐘，而是一種達成目標的策略，也是他們透過學習與失敗才體會的節奏」（節錄自《創造力》（時報出版））

換言之，**要想完成「想做的事」就需要休息與偷懶**。

隱性高敏感族覺得休息是「很糟糕的事」或是「一種錯誤」，也覺得很有罪惡感，所以沒辦法按照自己的生理時鐘休息，也因此沒辦法做想做的事。

隱性高敏感族只要休息夠了，就會立刻採取下個行動，所以在休息的時候完全放空，什麼也別做、什麼也別想，最終才能真的發揮實力。

第2章

高敏感族擁有的十項潛力

隱性高敏感族具有潛力的領域

有人說「隱性高敏感族的能力就像是海膽的形狀」。海膽的尖刺指的是比別人特別優秀的部分。隱性高敏感族並非渾身尖刺，但擅長的部分卻格外出色。我覺得這是非常貼切的比喻。

是的，隱性高敏感族似乎在某些領域特別有才能。

本章要介紹的是這些特別突出的部分，幫助隱性高敏感族了解「自己真正想做的事情」，也為了幫助隱性高敏感族知道自己擁有哪些天份。

因為環境或是畫地自限而無法了解自己的天份

本章已於83頁整理了隱性高敏感族的才能與「HSP特質」、「HSS特質」的哪些部分有密切關係。

每個人展現特質的方式都不一樣。

比方說，讓我們一起了解「小事也很在意」這種HSP特質吧。

這種特質大致可分成兩種情況，一種是在因為注意到細節而不斷被讚美的環境下長大的情況，一種則是在因為注意太多瑣事，而不斷被責備的環境之下長大的情況。

以前者而言，會知道自己擁有察覺細節的「特殊才能」，也會因此從事得以發揮這項才能的工作。

後者的話，則有可能注意到別人的些許變化（例如剪了頭髮、變瘦、穿了新衣服），卻又覺得這不是自己該注意的事情而變得畏畏縮縮，不敢說出自己注意到什麼事情。

周遭的人通常會覺得前者是很敏銳的人，至於後者，則常被大家歸類為遲鈍的人。

由此可知，隱性高敏感族**有時候會因為環境以及自我侷限而無法展現或是察覺自己的才能**。

本章介紹的隱性高敏感族的才能，是由83頁的8個因素互相影響所形成。HSP特質以伊蓮・艾融（Elaine Aron）博士的分類為基準，至於HSS特質則以祖克曼的研究（zuckerman, M.（1994））為基準。

本章應該能夠幫助隱性高敏感族接受「自己與非HSP之間的差異」。

☑HSP特質與HSS特質

HSP特質

D（Depth of processing）
想法複雜，必須深入思考才會採取行動

O（Overstimulation）
對外來的刺激很敏感，很容易感到疲倦

E（Empathy and emotional responsiveness）
容易被別人的情緒影響，容易產生共鳴

S（Sensitivity to subtleties）
很在意細節

HSS特質

R（Risk Taking）
願意承受風險

N（Novel Experiences）
追求新鮮的經驗

D（Disinhibition）
不想被壓抑

B（Boredom Susceptibility）
容易對事情厭煩

①貼心、配合別人的才能

貼心通常可解釋成「溫柔」或是「顧慮他人」，但是對隱性高敏感族而言，「貼心」不只是單純的溫柔或是顧慮。

比方說，大家是否也有過下列這些屬於隱性高敏感族的感受呢？

●「在居酒屋或是咖啡打工時，明明沒人教過，卻自然知道該做哪些事情。比方說，會自動收掉空盤，或是發現哪些顧客想要店員協助。『為什麼其他打工的人都沒注意到這些事情呢？』總是一邊覺得很煩，一邊一個人忙個不停」

●「在向上司提出文件時，為了讓上司少花一點時間校閱，依照上司的校閱習慣製作文件，或是預判上司的情況以及有可能挑出的毛病製作文件，但同時又覺得，其他人都不會做到這個地步」

● 「出於興趣參加合唱團，卻又覺得在合唱的時候打開窗戶，會造成鄰居的困擾，而且覺得其他參加合唱的人居然不在意這件事很神奇」

● 「只因老公一句『明天休假』就立刻開始想著要配合老公的行程，比方說，重新安排去醫院的時間以及排開想做的事情，或是檢查冰箱還有哪些食材」

● 「走在很狹窄的樓梯時，若是剛好前面有人擋著，會刻意放輕腳步，避免讓對方覺得『得走快一點不可』」

●「在向別人提出問題時，會先表達自己認同對方的想法，避免亂問一通，惹對方不開心」

隱性高敏感族最明顯的特徵，就是比別人更快察覺細節，更懂得避開那些有可能惹別人生氣的舉動，而且還能似有若無地做這些事，讓對方完全不知道自己是多麼的小心翼翼。

隱性高敏感族的**大腦會以超級快的速度處理那些來自感官的資訊**，所以才會擁有體貼他人，配合他人的才能。

②看穿本質的才能

「看穿他人本質」這個才能應該是源自懂得觀察細節與感受氣氛的HSP特質。隱性高敏感族**不僅能注意到別人的「優點」，還能注意到別人「不欲人知」的另一面**，所以會盡可能避免害別人丟臉。比方說，隱性高敏感族常有下列這些舉動。

- 「只是看照片，就知道照片之中的情侶雖然有些問題，但還不想分手，或是照片之中的男性很珍惜身邊的女性等細節」
- 「邊看愛情連續劇，邊覺得『劇中這兩位演員該不會真的在談戀愛吧？』讓我有這種感覺的演員之中，多達三組在一起演出的幾年之後結婚。除了藝人之外，也能一眼看出哪些人剛找到另一半，或是正受病痛折磨」

●「在擔任學生會長時，級任導師以『這傢伙很能幹』為由推薦了A同學，但其實自己非常清楚A同學的個性，所以拒絕了老師的推薦，另外找了適當的同學擔任該職務，也因此打造了懂得分工合作，朝氣十足的學生會。雖然不甚了解自己，卻能一眼看穿他人的本質與個性」

●「跟很久沒見面的朋友見面後，發現朋友的狗狗病懨懨的，所以便問朋友，狗狗是不是生病了，但朋友只說『大概是太熱吧？』。雖然後來自己跟狗狗說『真的只是因為太熱嗎？希望你能夠趕快恢復活力』沒想到這隻狗狗兩週之後就死掉了。聽說是因為白血病死掉」

●「我是一位系統開發的專案管理師，很擅長激勵別人，讓別人充滿鬥志。也懂得不動聲色地打造最佳的環境，讓別人得以拿出最佳的工作表現。我也覺得規劃這整個流程很有趣」

隱性高敏感族與非HSP的明顯差異之一，就是他們**常不自覺地觀察外在世界**。由於總是不斷地觀察外界，所以隱性高敏感族總是能早一步發現別人沒注意到的事情。說是觀察，不如說是不自覺地察知外在的情況還比較正確。

HSP（心思細膩的人）雖然也會不斷地觀察外在的世界，但是隱性高敏感族（HSS型HSP）具有渴望刺激的特質，所以會受到「想試試看！」的好奇心驅使，積極地採取行動。

如果你也覺得自己個性很急，常常有「想立刻試試看」「想早一步締造結果」的想法，那麼或許就是因為那股渴望「當下採取行動」的HSS因素正在心裡騷動。

此外，隱性高敏感族也能察覺別人的表情出現哪些微妙的變化，以及行為舉止有哪些改變，還能一眼就看出對方因為這些變化是緊張、擔心還是開心，甚至能看穿別人最適合待在什麼環境，有時簡直就像是「靈感」「直覺」「透視眼」一般。

這些觀察有時候會被別人覺得「很詭異」，所以對只想融入社會常識，不想太出風頭的隱性高敏感族而言，有可能是一種想要否定的才能。

我曾有一段時間覺得這種「看穿他人本質」的能力就像是種「透視的超能力」，也覺得這種能力很酷，但其實根本不是什麼超能力，不過就是種懂得觀察別人的能力而已。

後來我才發現，這是一種不動聲色地觀察每個人的一言一行、在意的事情與莫名的停頓，然後假設對方「應該是某類人」，接著再透過與對方的互動修正這個推測，進而了解對方的方法。

當我懂得把這些在大腦運作的處理化為語言並客觀地觀察，就更懂得運用這項能力，也更能處理因為看穿本質帶來的「情緒起伏」，這也是將這些處理化為語言的最大好處。

如果你是隱性高敏感族，請務必重視這種看穿別人的能力。也務必**觀察別人是否也擁有這種看穿本質的能力，再試著與對方比較**。如此一來，你就會了解隱性高敏感族與非ＨＳＰ的人之間究竟有哪些差異，也能更了解自己。

③察覺與修正不完善的部分，讓整體最佳化的才能

你是否曾在看了別人的工作方式之後，有過「如果是我的話，應該會這麼做才對」的想法呢？

應該也曾有過「明明這樣做的話，更有效率」「為什麼沒有人糾正呢？」這類想法，發現一些能夠改善現狀的地方。

這其實就是隱性高敏感族**「察覺不完善之處的才能」**。

與這種能力息息相關的是ＨＳＰ的第四個「Ｓ」因素——「發現枝微末節之處」。也就是美國兒童心理學家傑・貝爾斯基（Jay Belsky）與麥克・普魯斯（Michael Pluess）發現的**差別感受性（differential susceptibility）**。

此外，隱性高敏感族也擁有**「描繪理想模樣的能力」**。這也可以說是一種知道終點在何處的能力。這是一種舉一反三的能力，也是一種能在什麼事情都還沒發生時，就預測最終結果的能力。由於知道終點，所以就能從終點逆推，找出現狀的不完美之處。

與「察覺不完善之處的才能」有關的兩種才能

這種「察覺不完善之處的才能」能夠「糾正」與「修正」錯誤，所以也是一種**「讓整體最佳化」的才能**。

所謂的「整體最佳化」是指讓事物呈現**原本的樣貌或是理想狀態**的意思。或許那種覺得別人原本的樣貌很美的感覺，也是一種「糾正」或「修正」錯誤的才能。

隱性高敏感族能夠不自覺地知道對方是否展現了自己原有的樣貌，所以或許也是因為這樣，才能看穿「每個人最適合的位置」吧。

此外，隱性高敏感族不太擅長無中生有（從0到1），卻很擅長修正既有的成果，**讓這個成果變成更實用的東西（從1到2）**。

隱性高敏感族在觀察其他人正在做的事之後，會思考「如果是我，應該會怎麼做」，也會知道哪些地方可以改善或修正，這些小小的改善，雖然並非什麼偉大的發明或革命，卻是隱性高敏感族日常生活的一部分。

比方說，當隱性高敏感族看到有人因為建檔的方式與去年不同，花了很多時間才找到需要的檔案之後，就會思考「如果如此修正的話，會不會更好？」試著修正建檔方式。

該怎麼做，才能讓隱性高敏感族這種「描繪理想樣貌的能力」，成為讓世界變更美好的推力呢？看來這類嘗試將沒有終止的一天吧。

④模仿的才能

隱性高敏感族能**很快抓到重點，也很會模仿**。

與其說隱性高敏感族是邊看邊模仿，不如說隱性高敏感族是藉著邊觀察，邊讓身體動起來的感覺模仿。這種才能源自觀察力與同理心。

我曾請教隱性高敏感族對於這種能力有什麼感覺。

- 「很多事情明明沒試過，卻常常比別人更快學會。但是當我學到一定程度之後，就沒辦法更上一層樓，所以我也覺得膩了，然後就被別人追過去」
- 「邊看邊模仿的方法大概可以學到一定的程度，但我無法理解為什麼有人沒辦法做到那些看了就做得到的事情」因為是信手拈來的事情，所以根本就無法了解別人為什麼做不到。這或許不只是一種模仿，而是將「自己代入某種角色」的感覺，我也曾經有過很多次類似的經驗。

還記得那是在汽車駕照更新講習的教室，看到車禍現場影片之際發生的事情。一起看這個影片的人大概有30個人。我看到其中只有幾個人在看到車子撞在一起的時候，整個身體往後躺。看起來就像這些人覺得自己身歷其境，或是親眼目睹了事故現場。

其他人則是一動也不動地看著畫面而已。當時的我便反問自己，為什麼

會有如此差異，該不會是那些有反應的人覺得自己就是影片裡面的人吧？

在與隱性高敏感族的晤談中，也很常發生這種「宛如身歷其境」的體驗。

我不知道這是不是同理心的某種展現，但有可能是一種讓自己與目標物同化的能力，也是因為能夠讓自己與目標物同化，所以才會「擅長模仿」或是「懂得抓重點」。

認同自己的才能不是為了炫耀。

知道「這有可能是某種天份」，能讓自己不那麼自卑，也能減少否定自己的頻率，讓自己能夠更自在地生活。

⑤渾然忘我的才能

假設你是隱性高敏感族，是否曾有過**「突然渾然忘我」**的經驗呢？

● 「雖然我參加書法社團時只是個初學者，但我為了表演書法而拼命專心練習，也很快就能寫得很好，身邊的人也都不斷讚美我『你好厲害！怎麼那麼快就學會！』」

一旦進入這種渾然忘我的狀態，就能快速學會技能，是因為在這種狀態之下，**「創造力與解決問題的能力會增加四倍」「學會新技術的速度會增加一倍」「會忘記疼痛與疲勞」「正腎上腺素、多巴胺、腦內啡、大麻素、催產素**

「強化幹勁、集中力或是讓人感到幸福的腦內物質）會加速分泌」，這些都已經過研究證明（奇點大學的Flow Genome Project研究）。

也有「由於一覺得有興趣就能完全投入，所以會在網路找資料，做筆記」「我在補習班從事改作業的工作，所以過了五十歲還是很喜歡解決數學的方程式或是因數分解這些難題，甚至會購買相關的教材」這種情況。

我曾經對故事之中的世界深深著迷，也因為太過著迷，所以明明故事已經終結，卻有種自己還留在那個世界之中，心情無從宣洩的感覺。大家也有過類似的經驗嗎？

由於能夠一鼓作氣達成目標，所以這種渾然忘我的才能也是能對社會有所貢獻的能力。

如此看來，隱性高敏感族要是懂得發揮這種能力，似乎是件好事對吧？

如果能隨心所欲地發揮這種能力，絕對能夠無所不能，而發揮這種能力的關鍵在於「※後設認知」與「將真正的想法化為語言」這兩點。

※客觀地掌握與控制認知的事情。

⑥貫徹搜尋與調查的才能

許多人都說隱性高敏感族擁有強悍的**搜尋能力與調查能力**。只要開始調查，就會像是一口氣挖出一大串地瓜般，接二連三遇到想調查的事情，完全停不下來。這種現象似乎是「隱性高敏感族」的通病（很多也只是在網路亂逛而已）。

想了解的事情接二連三出現，接著從找到的結果繼續延伸，然後又對另一個找到的結果感興趣，再繼續搜尋，最終就是學會許多冷知識，以及對某個特定領域擁有深入的知識。

不過，我曾經懷疑搜尋能力並非隱性高敏感族特有的才能，所以曾在網路搜尋「擅長搜尋的人都如何搜尋？」（關鍵字是「擅長搜尋」）。

結果發現擅長搜尋的人似乎具有下列四種特徵。

- 不會以句子當關鍵字，而是以單字搜尋
- 找不到想要的資料時，會使用類似的關鍵字搜尋
- 會先釐清要搜尋的目標再開始搜尋
- 在找到答案之前，會嘗試各種方法搜尋

當下我便有恍然大悟的感覺。

原來搜尋能力也能後天培養。

不過，能夠自然而然地根據目的搜尋，似乎與隱性高敏感族**「喜歡洞察本質」**的特質有關。這是一種想要知道究竟是怎麼一回事的特質。

你是不是也覺得，不知道真正的情況，沒有「原來是這樣啊」的感覺，就沒辦法學會東西呢？

隱性高敏感族不只想知道百貨公司或是購物中心的門面有多麼漂亮，還想知道只有在那裡工作的人才知道的內情。

或許，所謂的內情就是「本質」，而隱性高敏感族那探測本質的內部感應器會對所謂的本質產生反應。這種內部感應器也是感受性的一部分。

由於想知道本質為何，所以才不厭其煩地嘗試各種方法搜尋，或是以相似的關鍵字搜尋，希望找到更正確、更符合目的的資訊，而這些嘗試錯誤的能力或許就夠統稱為「搜尋力」。

順利找到需要的資料時，請務必給自己一個微笑。透過表情表達情緒，是一種接受這種情緒，不帶任何價值判斷，接受眼前事件的過程，而這種過程對隱性高敏感族來說非常重要。

⑦能快速學會必要技能的才能

集④模仿的才能、⑤渾然忘我的才能、⑥貫徹搜尋與調查的才能之大成的，就是「能快速學會必要技能的才能」。

他們倚靠的不是長久以來累積的知識或技能，而是在短時間內，以宛如腎上腺素爆發的專注力，快速學會與當下所需領域無關的技巧，在一般人眼裡，會覺得這是非常沒有效率又繞遠路的學習方式。

不過，對於隱性高敏感族來說，這是學習新領域、新知識的機會。這種一口氣將新技術安裝到大腦，帶來極高滿意度的學習方式，反而能讓人更有心學習不是嗎？

●「每次我想考證照，都會在最短的時間之內考到。比方說，我考幼教老師的證照只花了兩個月，四級動力船舶駕照只花了兩週，就連平日出門的時候，我也是等到時間快不夠的時候才開始準備，每次都到最後一刻才準備完畢。我想從事能夠幫助別人的工作，所以才會衝去考證照。至於這些證照用不用得到，那就再說」

●「我只要找到想做的事情，就會很認真學習。比方說，我想學會料理，所以報名餐飲學校的夜間部，取得廚師證照，或是我想自己穿和服，所以從事需要穿和服的工作。我曾經為了獨立而留在英國，也曾為了更了解植物而在園藝店上班，或是因為對種菜有興趣而探訪許多農家、租了土地種菜，更為了學習心理學而報名空中大學，還曾經與專業的音樂老師學習樂器，總之，我有興趣的領域都沒什麼相關性」

●「不用上班的時候，我會用羊毛氈做貓咪玩偶，會利用APP散步，也會為了學會BTS的舞蹈而瀏覽舞蹈的IG。我也曾經在YouTube觀賞兒童心理學的影片。最近我的父母親因為老年痴呆症而需要有人照顧，所以我開始對人性照護法（Humanitude）有興趣。將這些興趣全塞進我的大腦之後，雖然的確感覺很疲倦，但我的興趣是沒有盡頭的」

一旦鎖定目標就會朝目標衝刺的隱性高敏感族，總是露出宛如荒野禿鷹一般的眼神。這種感覺就像，大腦的運作速度比最先進的電腦還快，大腦的所有突觸也像是透過電流彼此連結。

這種感覺會讓人忍不住全身顫抖，一旦隱性高敏感族因為得到新知識而開心，或是因為知道後續的發展而喜悅與興奮，身心就會忍不住顫抖，而這種感覺是一種「無窮無盡的好奇心」，也會創造驚人的行動力。

視當下的情況解決當下的問題，或許正是隱性高敏感族的生存之道。隱性高敏感族必須知道自己的人生會常常出現那些不按常理出現的興趣。

這不是可怕的事情，也不是值得難過的事情，充其量只是為了讓你了解自己的人生而已。

⑧能夠因材施教的才能

隱性高敏感族**可瞬間看出或是推測對方有多少理解，擁有多少力量**。

當隱性高敏感族覺得有必要為了對方慢慢說明時，就會以簡單易懂的詞彙說明，也會一邊確認對方的表情與反應，配合對方的理解程度說明。一旦習慣這種方法之後，就能透過對方的一點點的動作或說話的內容，徹底了解對方的理解程度。尤其是需要「教學」的時候，這種做法特別有效。

假設對方只有一個人，那麼需要注意的焦點就只有一個，這也是隱性高敏感族最擅長面對的情況。

● 「我能夠配合對方的人格塑造自己的人格，所以能夠用對方聽得懂的話指導對方與避免衝突」

●「還在念書時，我曾在社團指導學弟妹。我從學弟妹的站姿或是反應，大概就能知道他們有沒有心了。如果是很積極，很想學的學弟妹，可以稍微說明難一點的部分，如果是不知道為什麼要來社團的學弟妹，我就會先讚美他們的變化與成長，讓他們更有心參加社團。我當時都是看對方的情況改變面對他們的方法」

由此可知，**比起一次教一群人，隱性高敏感族更擅長在個別指導的情況下發揮指導能力**。

教的人教得很開心，對受教者而言，他們更是最棒的老師。如果遇到需要教別人的情況，不妨先確認能否進行一對一教學，即使時間很短也沒關係。

不過，教學的時候，要注意自己的能量如何消耗。

●「我曾在黏土的工作坊課程或活動擔任講師與職業療法專家。為了讓學員滿足，我總是花很多時間準備。不過，我可能花太多時間了，當我覺得自己準備就緒，一切完美，就突然對這一切失去興趣，變得一點幹勁也沒有。活動結束，回到家之後，整個人陷入低谷」

當隱性高敏感族為了提供超過對方需求的內容而太過努力，就會不知不覺地累壞自己。

由於隱性高敏感族很容易看人臉色，所以建議大家對於與會人員的表情視而不見，避免自己因為太在意別人的臉色而過度消耗能量。

⑨發揮創意的才能

跳脫常識的框架，尋找靈感的腦力激盪法分成**水平思考**（Lateral Thinking）與**垂直思考**（Vertical Thinking）兩種。

水平思考就是為了解決問題而跳脫現有的理論或概念，以及尋找靈感的方法，也是一種忽略常識或前提，調整觀點的發想術，很適合用來尋找靈感，而這種尋找靈感的水平思考，也與隱性高敏感族與生俱來的思維相近。

另一方面，垂直思考則是在課題之中尋找解決方案的思維。

相對於水平思考，垂直思考是一種根據資料或事實進行客觀討論的發想術，可導出符合實際情況又具備說服力的答案。邏輯思考或是三段論法都屬於這種發想術。如果你是隱性高敏感族，最好試著了解這種發想術。

以「該怎麼做，才能把十三顆柳橙公平分配給四個小孩呢？」這道題目為例，「每個小孩分三又四分之一顆」是最符合常識的答案。

雖然在導出這個答案的過程之中，我們會潛意識地覺得，橘子應該要以固體的型態分配，但能用來顛覆這個前提的思維就是水平思考。

如果從水平思考的角度來看，就能導出「不一定要保持固體，也可以讓柳橙化為氣體再分」「先化為液體再以噴霧的方式分配」「擠成果汁再分」等有創意的答案。

這種水平思考通常可催生前所未有的商品。

比方說，如今人手一台的智慧型手機，除了可以打電話，還兼具電視、報時、錢包這些功能，而智慧型手機之所以能夠誕生，全是因為開發者的「真希望能有功能這麼豐富的工具」這種水平思考所致。

一般認為，這種水平思考的發想術是隱性高敏感族與生俱來的能力。

「必須符合常識」的想法會干擾水平思考

不過，隱性高敏感族也很在意是否「符合常識」這點。所以，儘管他們擁有跳脫常識或是擺脫社會規範的想像力，也讓他們不敢說出那些透過水平思考想到的瘋狂創意。

一旦他們曾經因為提出這類天馬行空的創意而受傷，之後就會忍不住提醒自己「要提出符合常識的創意」「否則就會被排擠」，避免自己受傷。

這是因為，透過水平思考找到的創意往往是跳脫規範與不為大眾接受的想法，所以也很常因此被人輕視、嘲笑，許多人也無法放心接受這類想法。

如此一來，就算是要求水平思考的工作，隱性高敏感族也不知道該如何落實水平思考，因為他們不知道自己提出的創意在別人眼裡會有多天馬行空。

如果過於跳脫既定的框架，就有可能會遭受歧視與偏見，所以隱性高敏感族必須特別注意這個問題。

為了能夠活用尋找靈感的才能，建議大家視當下的情況與要求，切換水平思考或是垂直思考。

⑩未雨綢繆的才能

隱性高敏感族也是**擅長未雨綢繆**的人。

具體來說，隱性高敏感族能夠事先察覺一些細節，再拿這些細節與理想的結果比對，然後一邊修正，一邊一步一腳印地做好準備，而這就是HSP這項特質的表徵。

比方說，假設有位隱性高敏感族接到在眾人面前演講的工作。

此時他會不斷不斷地在腦中演練正式上場的情況，不管是在搭乘捷運、還是坐車，抑或正在煮飯，或只是走在路上，只要稍有空檔就會進行這類想像訓練，就像是磁鐵一般，讓自己被吸回正式上場的想像之中。

等到這個想像形成一定的輪廓之後，便開始思考「還有哪裡準備不足」「如果情況變成那樣，該怎麼做才好？」繼續尋找新的問題，直到找出所有可能導致失敗的問題，一切準備就緒為止。

不對，就算是一切準備就緒，隱性高敏感族還是會不斷地進行想像訓練，而這種不安的狀態會一直持續到正式上場的那天為止。

等到身邊的朋友都跟他說「這次演講實在太精彩了！」「太令人感動了」「太棒了！」「太鞭闢入裡了」才算是大功告成，但當事人直到正式上場那天之前，都一直睡不安穩，每天都惶惶不安，精神一刻也不得放鬆。因為這種想像訓練就像是醒不過來的惡夢。

不懂拒絕的心理

既然這麼辛苦與麻煩，為什麼還要答應呢？而且結束之後，還會覺得再來一次也無妨？話說回來，這與HSS的特質有關。

這是一種就算有風險，也想嘗鮮的特質，因為挑戰新事物就能擊敗無聊，HSS的特質也能得到滿足。

不過，一旦不再感到新鮮，就不會繼續進行想像練習，心中的不安也會慢慢消退，也就不會那麼努力準備了。大家覺得準嗎？習慣之後，是不是就會疏於準備了呢？

一旦走到這個地步，又會出現「明明非好好準備不可，卻怎麼也不想開始準備」「不拖到最後，絕不開始準備」這類煩惱。

最能解決這種狀態的方法就是**行為塑造法**。也就是**將工作細分成一個個沒機會進行想像訓練的單位，讓自己沒有拖延的藉口**。如果發現「這麼做卻還是一直拖延」，就得進一步拆解工作。

比方說，三天之後，要完成50頁的PowerPoint簡報，第一步不是「建立骨架」也不是「搜尋相關資料」。

最初、最小的第一步是「打開電腦」「將相關資料放在桌子上」「備妥便條紙」這些「步驟」。如果將工作細分成如此瑣碎的步驟，就沒有藉口思考「該怎麼準備便條紙」這個問題，也就能順理成章地著手工作。對隱性高敏感族來說，踏出第一步是最重要的關鍵。

到目前為止，我們介紹了許多有關隱性高敏感族的長處與才能。

明明擁有這麼多才能，卻老是從別人的眼中看自己，這也是隱性高敏感族的毛病。

所以隱性高敏感族必須認清一項事實，那就是**「一直太過謙虛，不願展示能力，就無法透過這些才能改變人生」**。

我不是建議隱性高敏感族要恃才傲物，而是要先了解自己的才能，然後坦率地接受這些才能。

下一章要介紹的是，讓大家能夠得償所望的各種訓練與學習。

第3章

隱性高敏感族找到「想做的事」的方法

隱性高敏感族為了「想做的事情」而煩惱的八個階段

隱性高敏感族常為了「想做的事情」而煩惱，而這些煩惱大致可分成八個階段。請大家一邊對照10～11頁的內容，一邊確認自己較符合哪個階段。

階段1　當個「好人」的階段
階段2　藉由思考導出答案的階段
階段3　無法接受善良與軟弱的階段
階段4　為了滿足他人期待而自我毀滅的階段
階段5　為了未來而忙得精疲力盡的階段
階段6　缺乏自信而自我毀滅的階段

階段7　以失敗收場的階段

階段8　覺得總有一天能達成目標的階段

有些人會覺得，自己或多或少都符合這八個階段的任何一個階段。

找不到想做的事情時，每個人多少都符合這八個階段之中的幾個階段，這是因為每個人在不同的領域都有「想做的事情」，而這些想做的事情又分屬不同的階段。

比方說，在職場想做的事情有可能屬於階段5，至於戀愛與結婚的部分則屬於階段6，副業的部分屬於階段7。

這是因為在不同領域體驗的**「痛點」**都不同。

每個人在特定領域遭遇挫折之後，就會做出某些**「決定」**，避免自己再次遭遇相同的挫折。

隱性高敏感族能夠比別人更快察覺細節，而且也比別人更容易為了同一件事情而痛苦，所以就算年紀相仿，做上述這類**決定的次數也比別人多得多**。換言之，隱性高敏感族總是替自己設下許多「這種時候，就要這麼做」的規矩，讓自己活得更輕鬆。

之所以要了解自己處於哪個階段，是為了**不讓自己再被之前的「挫折」與「決定」影響**。隱性高敏感族要想不再被之前的「挫折」或「決定」影響，唯一的方法就是掌握全貌。

對隱性高敏感族來說，重點是說服自己

之所以會分成八個階段，是因為每個階段都有成立的理由，也能幫助大家了解為什麼隱性高敏感族會替自己訂立規矩。

以階段1的「當個好人」為例，這個階段有好處，但也有壞處。

這個階段的好處是「能與身邊的人協調，避免與旁人產生摩擦」或是「能被身邊的人喜歡」。

壞處是「會讓別人以為自己是個沒有意見的人」「無法讓別人認同自己的實力」「容易被小看」。

階段1的人都曾遇過被人討厭的「挫折」，也曾在當下覺得很痛苦，所以才

會「決定」不管遇到什麼事（就算被別人看不起），也要盡可能妥協，不要被別人討厭。

這個階段的隱性高敏感族雖然想扮演好人的角色，但是被別人看不起還是會覺得很煩，也沒辦法好好地與自己相處。

「我必須是個好相處的人，所以不能一直煩躁」是階段1的特徵，也就是外表看起來很容易相處，但心裡卻極其煩躁。

一旦內心煩躁，就很難一直維持好相處的人格。

於是，便搬出過去替自己設下的規矩，也就是**「自己必須是個好相處的人，不能一直這麼煩躁」**或是**「要維持好相處的形象」**。

一旦打算遵守這些規矩，並且想要繼續扮演好人的角色，就會陷入天人交戰的狀態。

階段1的人會有上述這類心理變化。

那該怎麼辦才好？了解上述的心理變化之後，就會知道為什麼被別人看不起的時候，心情會如此煩躁，也會明白這些煩躁是必然的結果。

如此一來，就能從整體的局面反觀自己的心理變化。

這種掌握心理變化的過程稱為**「後設認知」**，而這種後設認知能幫助我們**找回泰然自若的自己**。

只要能一邊對照這八個階段，一邊釐清自己屬於哪個階段，就能懂得接受現況，而這樣的改變也一定會令自己大吃一驚。

身體的感覺是根據

過去的決定或是當時設立的規矩，只需要對照前述的八個階段釐清就好，但是**了解自己身體的感覺卻更重要**，因為這些感覺是確認想做的事情的依據，身體很清楚什麼是對的，什麼是錯的。

當隱性高敏感族了解自己的身體會對自己的內心產生哪些反應，就更容易找到真正想做的事情。

當我們經由思考，替自己設立「我們應該這麼做」的規矩，就很可能忘記自己的真心。

我們無法判斷真心與思考的差異，而在這種狀態之下，我們很可能分不清自己真正想做的事情（真心）是什麼。

要解決這個問題必須依賴身體的感覺，因為身體能夠告訴我們什麼才是真正想做的事情。

當我們打從心底接受自己真正的想法，身體就會產生如同125頁中介紹的感覺。

當我們知道身體在觸及真心時會產生什麼感覺之後，就能確認自己「真正想做的事情」，也能決定是否要做這些事情。

明白自己擁有哪些才能，以及知道自己真正想做的事情是什麼，是隱性高敏感族追求理想生活的方法。

從下一節開始，我將帶著大家了解自己屬於哪個階段，再透過一些練習幫助大家找到真正想做的事情。

☑打從心底認同時，身體會有的感覺

■ ■ ■ ■ ■

- 肩膀放鬆
- 抬頭挺胸
- 從胸口深處長呼一口氣
- 全身的肌肉放鬆
- 面無表情或是稍微放鬆的表情
- 聽不見周遭的聲音

＊很想哭、身體一直顫抖或是胸口暖暖的感覺，都是打從心底認同某種事物的狀態。
一旦進入這種狀態，請讓自己暫時沉浸在這種狀態之中。如此一來，就能維持這種打從心底認同某種事物的狀態。

★階段

1

當個「好人」的階段

✓沒有討厭的人
✓得到眾人喜愛
✓常常透過自嘲炒熱氣氛
✓沒有不悅的情緒
✓不懂得示弱、求救與撒嬌
✓常被別人瞧不起

乍看之下，這個階段的人很溫厚，很低調，工作態度也得到認同。

不過，這個階段的人很可能覺得自己一直「原地踏步」，也累積了壓力，遲遲找不到「想做的事情」。

一旦陷入這種狀態，就會一直擔心自己「造成別人的麻煩」，什麼事也做不了。因為，與其造成別人的麻煩，看見別人擺臭臉，還不如把壓力吞進肚子裡。總之，這個階段的人就是不想看到別人的臭臉。

此時，既無法求助，也覺得一直扮演好人沒有任何意義可言，可是又覺得自己不太擅長**示弱、撒嬌、與依賴別人**。這個階段的人不太容易察覺自己的某些情緒，尤其是那些**「厭惡他人的情緒」**，這也與他們遲遲無法找到想做的事情有關。

「想做的事情」是徹頭徹尾的**「利己」**，這是一種「不管別人怎麼想，就是想這麼做的心情」。想做的事情就是只屬於自己的事情，與別人的看法一點關係都沒有。

話說回來，一旦太過在意旁人的看法，而不敢做自己想做的事，長此以往，就真的會忘記自己真正想做的事情是什麼。維持「好相處的形象」，盡可能不討厭別人的生活方式，會阻礙自己「了解自己想做什麼事情」。

維持「好相處的形象」也會對身體造成影響

過去的我，曾不自覺地維持「好相處」的形象。

也曾以為，想做的事情不過是「取悅他人」的事情，所以總是盡可能不去做那些會惹別人生氣，或是讓人感到意外的事情，也總是忙著做那些我覺得應該做的事情。

不過，我的內心卻開始扭曲。明明大家都那麼隨心所欲，只有我得這麼忍耐，這讓我感到強烈的挫折感。

當我發現這點之後，我便漸漸地了解自己的心情，也會刻意依賴別人，示弱、撒嬌，或是討厭別人，身體的負擔也因此減輕不少。沒錯，如果不懂得「依賴別人、示弱、撒嬌或是討厭別人」，身體就會一直承受負擔。如果是長年陷入這種狀態的人，有可能會覺得身體出現某些症狀（在我的諮商經驗之中，有些人的皮膚似乎因此出了問題）。

屬於這個維持「當好人」的階段的人，之所以能一直當個好人，在於懂得隱藏討厭別人的心情，能壓抑那股瞬間從心底湧現的厭惡，所以那些討厭別人的情緒是不會外顯的。

最容易造成誤會的是，這不代表**沒有討厭別人的情緒**。這類情緒確實存在，但當事人卻選擇壓抑這種情緒，好讓自己當做沒這回事，最終連自己都無法分辨這種情緒。這種無法辨識的厭惡感會成為心中那股揮之不去的煩躁，隱性高敏感族也會因此變得無所適從。

階段1的人需要知道自己**壓抑了哪些厭惡他人的情緒**。接著讓我們透過一些訓練了解這個部分。

挖出「厭惡感」的訓練

❶ 請試著從故事、電影、漫畫、連續劇找出「厭惡他人的情緒」，再試著寫下來（或許可從連續劇找出那些充滿憎恨或是煩躁的場面，再將那些場面的台詞寫下來）。

❷ 試著復誦剛剛寫下的那些句子，觀察自己有什麼感覺？

❸ 試著寫下自己的感覺，同時輕輕地對自己說「不可以說這麼難聽的話」「說這些話會被大家討厭唷」「會被別人看成是很愛找碴的人唷」這些話。

這就是你壓抑那些情緒的理由。

這時候你有可能會想到過去的某些場景。在那個場景之中，某個人可能針對你的信念（①的部分）說了一些批評。

❹「原來我覺得這些話不好啊」「原來這些情緒存在啊」「原來我一直壓抑厭惡別人的心情啊」，請試著在心中對自己這麼說，讓身體感受這一切。得到125頁說明的身體感受之後，就能結束這個訓練。

這個訓練是為了幫助大家察覺自己的情緒。如果大家在進行這類訓練太受打擊，就不要硬逼自己進行這類訓練唷。

★
階段
2

導出答案的階段

- ✓隱約察覺自己「對於他人的不悅」
- ✓還是不太想讓自己的不悅化為實際的語言
- ✓學過很多事情，但沒有半項專長
- ✓不想被別人命令與引導
- ✓不懂得放鬆心情
- ✓覺得單純、容易相信別人的自己很可笑

這個階段的人對於察覺自身感受這件事變得很警戒，會不自覺地為了自己的煩惱尋找答案，也無法從自身的感受找到任何意義。換言之，就是拼命地想要找到答案的狀態。

在陷入這個階段之中，「思考」的確是能幫助自己找到答案的方法，但是這個方法卻無法找到想做的事，此時便會陷入焦慮，覺得「自己很沒用」，也不知道該從哪裡開始尋找想做的事，或是不知道該從哪裡切入。這是想要改變自己，找到「想做的事情」的狀態。

之所以會陷入這個狀態，全是因為**阻絕了自身的感受性與身體的感受**。

這個階段的人一直以來都習慣捨棄直覺，根據身邊的狀況思考與判斷，藉此找出答案，所以在尋找自己想做的事情時，也希望沿用這套流程。

由於他們很習慣從旁人的判斷找答案，所以在不知不覺之中，否定了自己那股「想做某些事情」的心情，而這是一種透過思考與判斷扼殺直覺的狀態。

這個階段的人本來就非常敏感，屬於會對身體強加限制的類型。這類人哪怕只是接受到小小的刺激，也會從這些刺激得到各種資訊，然後產生不同的反應。由於身體無法跟上這些感受或反應，所以只好篩選這些感受，放棄「以身體體會一切」的方法。

一旦放棄「以身體感受一切」，連喜悅、快樂、放鬆與其他「美好的感覺」都會變得難以感受。一旦無法透過身體感受這一切，就會慢慢地遺忘自己真正的想法。

害怕相信直覺

這個階段的人為了做出正確的判斷，會不斷地提醒自己「不要被別人牽著鼻子走」。**這個階段的人曾因為太過相信別人而後悔，也覺得自己太單純，從此不再相信他人**，因為只要別變回那個憑身體與直覺感受一切的自己，就不會被別人動搖，也會覺得很安全。

維持「看周遭的情況再做出判斷」的狀態當然沒什麼問題，因為一路走來，都是像這樣保護自己，所以這麼做肯定沒錯。

不過，隱性高敏感族若想知道自己真正想做的事情，**就必須讓自己慢慢習慣以身體感受一切的狀態**。

由於你擁有非常敏銳的感受性，所以總是以厚厚的外殼保護這股容易遭受外敵侵擾的感受性，不過，你隨時可以自己脫下這層外殼，試著檢查這層外殼。只要稍微訓練一下，就能做到這件事。

試著面對自己，問問自己感受到什麼，了解自己想做的事情之後，然後再若無其事地穿上那層「社會化的外殼」。

如此一來，與生俱來的高敏感就不再是弱點，而是自己的一大武器。

釐清自己喜歡的事情與想做的事情之後，就能隨時發動長年培養的警覺心。

為了擁有這種一舉兩得的生活方式，讓我們透過訓練，**幫助身體找回遺忘已久的感覺**吧。

找回「身體的感覺」的訓練

❶ 請試著回想坐在父母親膝上，整個人被完全接納時，被有點難為情，卻又充滿喜悅的幸福感包圍，徹底放下防備的記憶。（如果與父母親沒有這類記憶，對象可以換成祖父母、幼稚園老師或是鄰居。試著回想全身放鬆，放下戒備的感覺，以及沉浸在這種感覺之中）。

❷ 身體放鬆了嗎？身體是否產生了125頁介紹的感覺？

❸ 這個感覺是你想要的嗎？如果是，請讓自己暫時沉浸在這股感覺之中。

❹ 在這個放鬆的感覺之下，試著問自己「我想要的是什麼？」在這個狀態之下，是否隱約明白這個問題的答案了呢？

如果在訓練過程中感到抗拒時

這個階段的人也可能會很抗拒這種訓練。不過只要知道抗拒的理由，就能在自己抗拒這種訓練時，知道「原來自己會抗拒這種訓練」。下列是最具代表性的三種抗拒感。

❶「如果這項訓練很順利，接下來該怎麼辦？」的抗拒感

「如果這項訓練很順利，之前的努力豈不是都白費了嗎？」「面對一直以來隱藏的內心，會很痛苦不是嗎？」「一旦這項訓練成功，整個人不就會太過放鬆嗎？所以不成功比較好吧？」有時候會出現這類擔心未來的情況，而排斥這項訓練。

會有這種想法，是因為這個階段的人非常敏感，身心在過去都曾受傷，所以才會害怕這項訓練。「害怕認識真實的自己？」「當然會害怕啊」，請試著像這樣問問自己的身體。接著問問自己「身體稍微放鬆了？」有的話，請繼續剛剛的訓練吧。

❷急著「找回能以身體感受一切的自己」的焦慮

急著「找回能以身體感受一切的自己」是一種焦慮，也會成為抗拒這項訓練的理由。

一旦陷入焦慮，就無法得知自己真正的想法，所以我們必須連同這種焦慮的心情一併接納。

希望大家在陷入焦慮時，站在第三人稱的角度告訴自己**「原來如此，我剛才這麼焦慮啊」**。接著問問自己「身體稍微放鬆了嗎？」有的話，請繼續剛剛的訓練吧。

❸「這種訓練有意義嗎？」

「這種訓練有任何意義嗎？」一旦出現這種追根究柢的問題，直覺就無法啟動。這也是某種形式的排斥。

有時也會陷入放空、腦袋一片空白，什麼都不知道的狀態，有時也會懷疑這個訓練的效果，不斷地問「這個訓練有意義嗎？」「任何一種訓練的效果都不怎麼樣」「沒有人能夠完全了解自己」「雖然會有短暫的效果，但沒過多久就會恢復原狀」。

假設你發現自己有這些想法，不妨試著告訴自己**「我真正的想法有可能是害怕再次受到傷害」**。接著問問自己「身體稍微放鬆了嗎？」有的話，請繼續剛剛的訓練吧。

社會總是要求我們想辦法解決問題。

所以一旦被要求「解決自己的問題時，不是用想的，要用感受的」，實在不太可能突然就知道該怎麼做，不過，總有一天會知道該怎麼做。如果你覺得掌握身體感覺的訓練或是冥想很討厭，不妨試著告訴自己「有可能**只是現在**還不太擅長掌握身體的感覺而已」。你對這句話有什麼感覺呢？將自己的感受寫成文字，就能慢慢地掌握自己感受到的一切。

★階段 3

無法接受善良與軟弱的階段

- ✔覺得保持冷酷很重要
- ✔有時會被別人覺得很可怕
- ✔討厭濫好人
- ✔覺得「別人的想法無所謂，我就是我」

這個階段的人懂得將那些投射在別人身上的「厭惡感」化為詞彙，有時會在社群帳號上開分身抱怨，或是寫下那些對別人不滿的負面情緒以及難以啟齒的願望。

不過，雖然這個階段的人已經能夠提出自己的主張，而且一直以來都很順利，卻還是覺得自己沒辦法做想做的事情，或是還在思考自己接下來該怎麼做，以及尋找「想做的事情」。

這個階段的人之所以會這樣，在於他們**封印了自己的良心、溫柔、誠實、正直以及願意相信別人的心**。他們的課題在於認同自己的溫柔、誠實、正直、慈愛等等在人眼中看來軟弱的一面。

143頁是隱性高敏感族的感受性示意圖。從圖中可以發現，相較於八成的人口，隱性高敏感族擁有**超出左側與右側的「感受性」**。

超出左側的部分是對別人與自己的「厭惡感」。

這部分代表，隱性高敏感族往往會比別人更快察覺那些負面的、辛辣的、討厭的事情。

此外，感受性也超出了右側的部分。超出右側的感受性屬於極為單純、願意相信別人、過於溫柔與和藹的部分。

一旦這個部分的感受性外顯，就會被別人覺得很軟弱，也常常會被看不起，但這個階段的人真的只是很親切、很體貼而已。可惜的是，偶爾還會被別人揶揄「偽善」「太濫情」「太矯情」或是被嘲弄。

這個階段的人很了解超出左側的感受性，也懂得怎麼處理這個部分，卻不怎麼了解超出右側的感受性。換言之，**總是忽略自己容易感動的那一面，也對那個單純、坦率，願意相信他人的自己視若無睹**。

這個階段的人若要找到自己想做的事情，就必須**面對屬於右側的那個自己**，那個溫柔、從容、坦率、單純、願意相信別人的自己，這也是這個階段的人必須相對的課題。

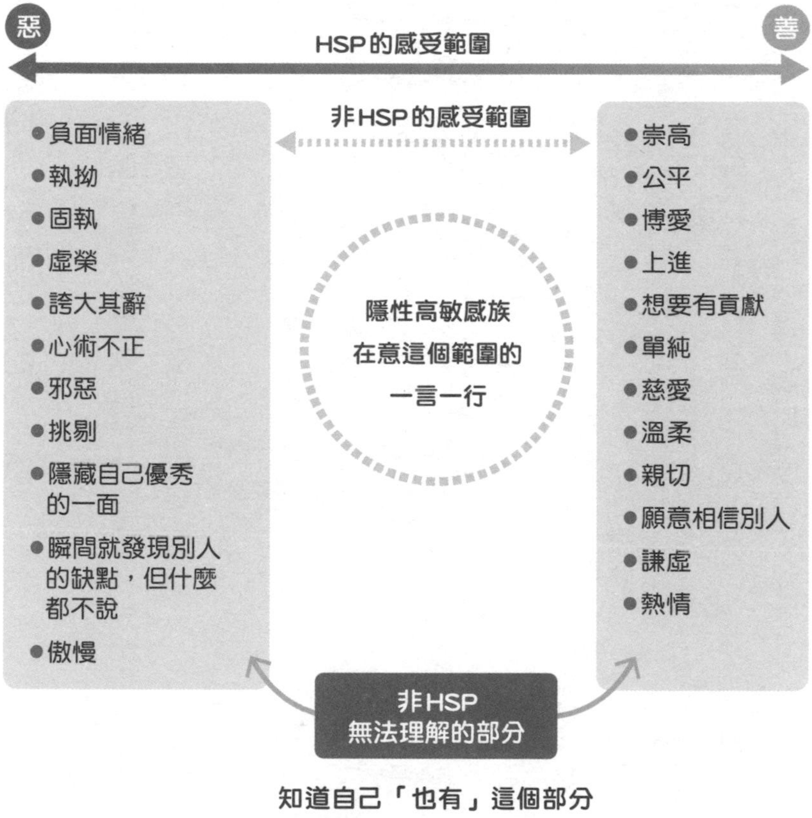
惡
善
HSP的感受範圍
非HSP的感受範圍
負面情緒
執拗
固執
虛榮
誇大其辭
心術不正
邪惡
挑剔
隱藏自己優秀的一面
瞬間就發現別人的缺點，但什麼都不說
傲慢
隱性高敏感族在意這個範圍的一言一行
崇高
公平
博愛
上進
想要有貢獻
單純
慈愛
溫柔
親切
願意相信別人
謙虛
熱情
非HSP無法理解的部分
知道自己「也有」這個部分

因為發現自己溫柔的那一面而改變的S小姐

S小姐敢於在別人面前看到壞事就直率地說出來，先前接受其他訓練也沒有得到什麼特別的新發現，所以便來找我諮商，想知道「為什麼我還會活得這麼痛苦」。

她不像常見的隱性高敏感族，會看人臉色而不敢說出自己的意見，反而是一位正義感十足，敢對上司直話直說的人。

在我聽她描述自己之後，隱約發現一些令人在意的部分。那就是，她似乎在每次發言強勢的時候，都覺得這樣的自己很丟臉。

所以我便將焦點放在她與母親的互動。

結果發現，她的父母親很擔心她太過柔弱，所以總是要求她「做人要有心機一點」，因此，在母親的建議之下，她便刻意隱藏了143頁示意圖之中，超出右側的部分。

她也不斷地在母親面前展現自己耍小手段的一面，為的是讓母親能夠安心。一切都是為了證明「我很強悍，所以不用擔心我」。

剛開始參加晤談的時候，她曾說過不知道自己為什麼如此好強，但後來她才發現，小時候的她為了配合容易陷入不安的母親，便規定自己「不能太過溫柔」「要有小聰明一點」，她也非常驚訝，事實居然是這樣。

這個階段的人一旦可以重新認識那個溫柔的自己，找回那些屬於右側的感受性，就能了解自己真正的想法，最終便能找到「真的想做的事情」。

在接下來的訓練中，讓我們一起練習找回自己「溫柔的那一面」。

發現「溫柔的那一面」的訓練

＊這是很敏感的訓練，如果中途覺得痛苦，請停止訓練。

❶ 143頁示意圖右側「善」的部分，你覺得在自己身上佔幾成呢？

❷ 請試著替那個只有「善」的自己打造一個角色。你打造了什麼樣的角色呢？也可以將連續劇、漫畫、電動或電影的主角或藝人當成範本。

❸ 這個角色會有出現哪些表情、穿哪些衣服、做什麼樣的髮型與姿勢，以及會有哪些動作呢？請試著憑直覺或想像回答這個問題。

❹ 請將這個角色視為你的「第二人格」。如果你要給予這個角色建議，你會給予什麼樣的建議呢？請試著輕聲地對自己說出這些建議（例如「這麼溫和的話，會被別人瞧不起唷」「學聰明一點吧」「這麼容易感動，會被別人當成

笨蛋唷」這類建議）

❺ 當你給予第二人格建議時，你感受到什麼？

❻ 請試著回想第二人格也是你自己的這件事。你喜歡這個第二人格嗎？還是討厭這個第二人格呢？

❼ 如果你喜歡這個第二人格，請試著對這個角色說「我很明白你的心情唷」。如果不喜歡這個第二人格，就請輕輕地說「我似乎還沒辦法喜歡你」。

❽ 請在15秒之內，細細體會此時此刻身體湧現的感受。也試著感受身體有哪些感覺。

❾ 15秒過後，對著自己說「結束」，然後跳脫第二人格。

★
階段
4

為了滿足他人期待而自我毀滅的階段

- ✓做什麼事情都得心應手
- ✓覺得自己漸漸失去優勢而焦慮
- ✓覺得沒辦法不斷努力的自己必須改進
- ✓不了解放鬆心情，重視自己是什麼感覺

這個階段的人被人稱讚做得很好的時候，反而會很有壓力。即使一切順利，而且也得到眾人讚許，卻把自己逼入絕境。明明不用逼死自己，卻不知道該怎麼避免。這個階段的人很想改變自己，想讓自己更加從容一點，卻怎麼也無法放鬆下來，也找不到真正想做的事情。

之所以會陷入這個左右為難的狀態，**全是因為自己覺得身邊的人「都希望自己能夠做得好」，自己勒緊自己的脖子所導致**。

就算看在旁人眼裡，他們似乎煩惱得不得了，但當事人還是會不斷地告訴自己「一定要做得更好才行」「一定要賺更多錢才行」，不斷地對自己施加沈重的壓力。

這是因為這個階段的人，很習慣做什麼事都要做好，也習慣得到別人的讚賞或感謝，所以總是希望能夠滿足別人的要求。

比如說考試考得不錯，媽媽說了句「考得很好耶」，但接著又補上一句「那下次也要加油喔」，對自己賦予期待。

這個階段的人，總是像這個例子中的媽媽般不斷要求自己。

不懂偷懶的M先生

在醫療機構服務的M先生，總是做得比別人期待的更多。換了職場之後，M先生總是拼命滿足周遭的期待，不斷地記筆記，想早一點掌握工作，後來他才恍然大悟，原來他早就掌握了工作，也發現「周遭的人對他的要求比他想像中來得低」。

M先生曾告訴我「雖然我很快就掌握了工作，但我總是覺得別人希望我做得更好。雖然我還是會努力，但總覺得自己一直在空轉。偶爾有人會跟我說，我可以喘口氣，放鬆一點，但我不知道該怎麼做」。

在這個階段的人，會為了不斷滿足別人的要求而變得越來越痛苦，而且明明別人沒有要求，卻還是不斷地將自己逼入絕境。雖然偶爾會有人說「你可以放輕鬆一點啊」，但如果真能放輕鬆的話，就不會這麼煩惱了對吧？

這個階段的人必須**自行釋放壓力**，才能找到想做的事情。後續的訓練會教大家如何做好「釋放壓力」的準備。

最終就能戒掉自己對自己施加壓力的毛病。

第一步，讓我們先試著了解**「被某個人期待」**的無形壓力。

明白自己一直以為有人期待自己做得更好這件事，之後就有機會戒掉這個自己對自己施加壓力的毛病。

戒掉「自己對自己施加壓力」這個毛病的訓練

＊這是很敏感的訓練，如果中途覺得痛苦，請停止訓練。

❶ 請試著回想看看，當你想做某件事，卻沒辦法付諸行動時，腦海之中會浮現誰的聲音？（是男性還是女性的聲音？是母親、上司還是自己的聲音？）。

❷ 這個聲音都說了什麼？

❸ 試著想像這個聲音的主人是怎麼樣的表情。了解表情，就比較容易掌握這個人的情緒。

❹ 請試著重覆這個人的發言，最後再說「你說得對耶」（假設這個人對你說「居然連這點小事也不會，太傻眼了吧」，那麼就試著對自己說「你說得對耶，我連這點小事都不會，真是太讓人傻眼了」）。

❺對自己這麼說之後，喉嚨與胸口的深處有什麼感覺？

如果有一些感覺的話，請試著以文字描述這種感覺（比方說，「喉嚨深處好像癢癢的」或是「胸口彷彿蒙上一層烏雲」）。

寫下這些身體的感覺之後，如果身體變得很輕鬆，進入125頁說明的狀態，那麼訓練就結束了。

假設一開始的壓力是100％，請試著寫下在這個訓練結束之後的壓力值。這個壓力值是為了確認這個訓練的效果。

如果沒有進入125頁說明的狀態，代表你可能沒有以正確的詞彙描述身體的感受。

此時請試著以顏色或形狀說明身體的感受。比方說「像是有顆藍色的乒乓球一直轉」或是「出現了大小5公分左右的烏雲，啊，烏雲消失了」。

★階段

5

為了未來而忙得精疲力盡的階段

- ✓取得一定的社會地位
- ✓總是與不懂自律或缺乏建設性的人保持距離
- ✓嚮往風平浪靜的生活，卻又鄙視這樣的生活
- ✓懂得運用直覺，懂得做事的技巧、努力，懂得聽取別人的意思，懂得待人處事

這個階段的人已經能做好自己想做的事，之後也能將那些想做的事情轉化為自己的能力，而且身邊的人都會不吝給予讚美或感謝，當事人也會常常備受青睞。

階段5與階段4的差異之處在於，階段5的人就算備受期待，也會意氣風發地說「那我就表現一下吧」，然後繼續解決下一個問題。從旁人的角度來看，這副很有幹勁，不斷提升技能的當事人似乎沒有任何的煩惱。

這個階段的人之所以能做到這個地步，**全是因為有股力量讓他不斷地朝理想的自己衝刺**，但也因為一直全力衝刺，所以有時不免會問自己「難道我要這樣辛苦一輩子嗎？」一旦如此想像未來，就會覺得自己很疲憊。雖然每天都充滿刺激，每天都很成功，但有時還是會忍不住拿自己與那些安穩度日的人比較，一邊沉浸在優越感之中，一邊卻非常羨慕那些人，不斷地問自己「我也有機會擁有那種安穩的日子嗎？」

這個階段的人需要接下來介紹的兩種訓練，一種是「回歸自我，用身體感受真正的幸福」，另一種是「明白心理負擔有多麼沉重」。

回歸自我，用身體感受真正的幸福的訓練

＊這是很敏感的訓練，如果中途覺得痛苦，請停止訓練。

這個類型的人會避免示弱，所以這個訓練請在覺得「有必要了解自己的軟弱」時進行。

❶ 試著想像一帆風順的自己（全心投入工作的自己，或是贏得競賽的自己）。

❷ 請試著做出當下的表情、態度、表情或是穿著當下的服裝（不一定要真的穿，試著想像即可）。

❸ 你希望那個想像的自己聽到別人說什麼呢？請試著寫下來（比方說「有時要休息唷」「我知道你很努力唷」「我知道你很辛苦唷」「居然能夠一臉若無其事的樣子，真是厲害」「沒有人能像你這樣」「你真的是太棒了」）。

❹ 試著對想像中的自己說上述這些話。

❺ 聽到這些話的時候，有什麼感覺？如果出現了幾種不同的情緒，請試著寫出這些情緒的比例。（比方說，「開心」：70%、「真的假的？」：10%、「得更努力才行」：10%）

❻ 如果是「喜悅」的情緒，請試著沉浸在這種情緒15秒。這個訓練的目標就是讓身體能夠充分體會喜悅。建議為自己留點時間，想像一下「自己想聽到哪些讚美」，讓自己沉浸在喜悅之中。

明白心理負擔有多麼沉重的訓練

＊這是很敏感的訓練，如果中途覺得痛苦，請停止訓練。

❶ 請試著從前一個訓練挑出不同於「喜悅」的感覺（這裡以「得更努力才行」為例）。

❷ 感受到這種情緒時，想起哪些場景？（假設是「得更努力才行」的情緒，有可能會想到念國中的時候，拚命準備考試的場景，或是在高中社團拚命練習的場景）

❸ 看著那個場景之中的自己，再輕輕地說「那個時候的自己應該很痛苦吧」。

❹ 這時，身體是不是突然覺得平靜下來了呢？如果是，請讓自己沉浸在這種感覺中之中15秒。

假設不是，請試著描述當下的狀態（比方說，「自己好像很焦慮」「這個訓練也要求太多了吧？怎麼有這麼多事情要做？」「我覺得現在不是做這種事的時候」「覺得只有自己做不到而感到自卑嗎？」試著多描述一點）。

❺試著將沉浸於練習中的感覺寫下來（比方說「很寂寞」「很可怕」或是「沒想到會這麼平靜」）

❻了解過去的自己可能很痛苦之後，試著寫下知道這件事情之後的感覺。

❼在寫下這些感覺的同時，若進入125頁說明的狀態，這個訓練就結束了。

★階段

6

缺乏自信而自我毀滅的階段

✔儘管懂得做事的要領，卻覺得自己越來越沒自信

✔覺得自己很容易害羞

✔有時會被人看到可愛的一面，成為別人疼愛的人

✔身段很軟

✔「有自信」與「自卑」的比例大概是1比9

這個階段的人雖然大部分的事情都做得很好，但總是為了小部分的失誤糾結很久，最終自我毀滅。

儘管他們不斷地尋找其他想做的事情，卻還是會在意小小的失誤，無法忍受羞恥感，於是忍不住尋找其他想做的事情……就這樣一直困在同樣的循環之中。

這個階段的人會催眠自己「反正我什麼優點、什麼成就都沒有，過去總是一直失敗」，無論如何都不願替自己打100分。

他們之所以會這樣，**全是因為不管身邊的人給予多少掌聲，「小小的失誤與挫折都會在他們心中無限放大，從1放大到100」**。

換言之，周遭的評價與他們對自己的評價有著極大的落差。

所以，他們總是希望擁有自信，但是，就算他們跟別人這麼說，身邊的人也會因為他們已經是很棒的人，只會對他們說「你想太多了吧？」「你已經做得很好了」「給自己一點自信啦」。這種回應一點幫助也沒有，當事人還是陷在容易為了小小的失誤而煩惱的漩渦之中。

避免失去自信的情緒控制法

在心理學之中，有個術語叫**「自我接納」（Radical Acceptance）**。意思是，不管發生了什麼事情，不作任何好壞的價值判斷，只當成某個「已經發生的事件」，單純地接受事實並繼續前進，對這些事件的理解是「已經發生的事情無法改變」，而不是選擇放棄、抹殺、接受或遺忘。

階段6的人很容易在遇到事情時，往負面的方向去想，所以最好學會**「不對任何事情進行價值判斷」**的技能。

發生不好的事情時，通常會出現悔恨、丟臉、失望這類情緒，但就算試圖掩蓋這類情緒，它們也不會就此消失。既然無法變成對負面情緒無感的人，不妨將這些感受視為「理所當然會發生的事情」，然後繼續前進。

要讓自己不要無視情緒，是需要練習的。但若能夠做到這點，就能在內心掀起波瀾時處之泰然，也能毅然決然地告訴自己「我只能做自己辦得到的事」，如此一來，就能平常心地繼續做想做的事情。
這個階段的人最好進行「回想失去自信的時期」這種訓練。

回想失去自信的時期的訓練

＊這是很敏感的訓練，如果中途覺得痛苦，請停止訓練。

❶ 你有過本來很有自信，但途中突然失去自信的經驗嗎？

❷ 你是在哪個領域失去自信的呢？（例如外貌、成績、運動、樂器、外語、戀愛等等）

❸ 請找出失去自信的時期。

❹ 試著回想當時是哪些事情讓自己失去自信。可能會有好幾件事。

❺這些事情讓你產生了「恐懼、悲傷、羞恥、焦慮」之中的哪個情緒？

你的答案可以有很多個。選出所有符合的情緒，再試著讓自己沉浸其中。如果產生125頁介紹的身體感覺，這個訓練就結束了。

階段 7

以失敗收場的階段

✔很會忍耐

✔總是不斷地告訴自己「沒事沒事」「總會有辦法的」

✔有認為不管遇到什麼問題，都能靠氣勢解決

✔有時會覺得很挫折，陷入煩惱的漩渦或是自怨自艾的模式

這個階段的人不管受到什麼打擊，也只會覺得「這也還好吧」，保持一個讓別人看起來稀鬆平常的行為模式。儘管當事人覺得沒什麼，但他們早已承受了超乎想像的痛苦，失去了自信，本人卻處於毫無自覺的狀態。

所以，他們會無法為這些衝擊事件好好收尾，取而代之的是想著「只要能找到另外想做的事情，就不會太在意」，然後繼續尋找想做的事。

他們之所以會如此，**其實是因為把創傷藏在內心深處，而這些痛苦又與其他的情緒混在一起，導致他們也搞不清楚什麼才是真正的原因**。

不管是誰，只要事情不如預期，都會受到打擊，有時候這些打擊造成的創傷，會遠超當事人的想像。

尤其隱性高敏感族往往會低估風險，所以遇到風險，也會覺得沒什麼，還會不斷地跟自己說「沒問題啦」或是「這又沒什麼」。

隱性高敏感族在「想嘗試看看」這股與生俱來的好奇心作祟之下，會過度低估風險，所以不僅會忽略眼前的風險（受傷或是危險），還**會低估對心靈造成的傷害**。

這種特質的可怕之處在於，當他們發現自己承受了超乎想像的痛苦，於是讓自己不敢再採取相同行動的時候。

更可怕的情況是，儘管他們已經不敢採取相同的行動，卻還不知道一切都是因為之前的痛苦所導致。

比方說，明明想去上班，卻沒辦法起床；明明不想哭，卻莫名其妙地流淚，這些都屬於上述的情況。

就算在這時候思考「為什麼會這麼沒有幹勁呢？」也查不出原因。

由於他們此時並不知道讓自己提不起勁的理由，所以就會不自覺地放棄正在努力的事情（領域），不管是原因還是箇中緣由，一律強制忽略。

這個階段的人需要進行後續介紹的「將事件與情緒寫下來」的訓練。

邋遢……

將事件與情緒寫下來的訓練

＊這是很敏感的訓練，如果中途覺得痛苦，請停止訓練。

❶ 鉅細靡遺地下來那些讓人內心糾結的事件（不是「不喜歡跟大家一起去吃午餐」這類事件，而是要具體寫出對象和情境。例如「一起去吃午餐的時候，A對我說了一些（我覺得）很討厭的事情」）

❷ 從下列這些主要的情緒之中挑出當下浮現了哪些情緒。如果你同時感受到好幾種情緒，也可以複選。

開心　興奮　感激　愛　感動　充滿幹勁　幸福

期待　覺得厲害　滿足　服氣　安穩　有趣　糾結

退縮　煩躁　失望　悲哀　不安　自己沒錯　憤怒

焦慮　嫉妒　都是自己的錯　寂寞　難過　羞恥　害怕

驚悚　絕望　什麼也不想做　不可能

❸回想這類場景時，這些情緒佔了多少百分比？請試著寫下比例（寫成「憤怒」為100%也沒問題，或者可以寫成「後悔」：50%、「寂寞」：50%。辨別情緒並非我們的最終目的，所以大概就好）。

❹請試著替這些情緒寫台詞。

如果是憤怒的話，可以寫下「開什麼玩笑啊」「別小看我」，如果是嫉妒的話，可以是「明明我可以做得更好」或是「憑什麼只有你得到讚美」，如果是忐忑不安的情緒，則可以是「心慌慌的」「覺得自己靜不下來」，這些台詞都可以利用括號括起來。重點在於寫下這些台詞。

❺假如你本來想寫的是台詞，卻寫成說明的話，請同時寫下台詞與說明，再把說明的部分塗掉，留下屬於情緒的台詞（補充說明、解釋對方為什麼這樣的內容，或是說自己也是這樣，企圖為對方辯解的部分都必須塗掉）。

「例」

我覺得他不是故意的，但是我覺得被他看扁，讓我很生氣

我也有做不到的事情，但憑什麼只有他被讚美

❻找出這些事件造成的情緒之後，憑直覺從下列五種情緒之中，選出這些事件的背後，藏了哪些情緒。請單選。

（焦慮　害怕　羞恥　不安　絕望）

❼選出情緒之後，請試著做出與這個情緒相符的表情。重點在於用自己的臉實際做出對應的表情。

❽做完表情之後，身體是否出現125頁介紹的感覺呢？

（也有可能是很想哭、身體一直顫抖或是胸口暖暖的感覺）

如果身體的感覺沒有改變，請試著重做④與⑤的步驟。這有可能是因為單靠著自己，沒辦法正確地表達情緒，這時候可找一些不會介意的朋友或是心理諮商師幫忙。

這個訓練能幫助大家揪出之前未曾感受過的情緒，透過身體感受那些希望大家感受的情緒。

由於這個訓練會要求大家面對難過或是震驚的事情，所以有可能會對身心造成負擔，還請大家一步一步慢慢做就好。

階段

8

覺得總有一天能達成目標的階段

✓知道自己擅長的領域，卻不知道該如何發揮才能

✓希望有朝一日能發揮才能，讓身邊的人刮目相看

總有一天…
總有一天…
顫抖顫抖…
總有一天
什麼時候?

這個階段的人雖然沒自信，卻又同時覺得自己不比任何人差。他們一邊等待機會去做那些做不到的事情，一邊湊和地過著現在的生活。這個階段的人就算在某些領域不太順利，也會一直覺得，總有一天還會有機會，隨時都處於「待機中」的狀態。

他們之所以會變成這樣，是因為隱性高敏感族**輸不起**的特質。雖然隱性高敏感族也有笑著放棄的領域，但是在那張笑容的背後，卻是絕不放棄的野心，以及總有一天要證明自己、要讓人刮目相看，讓別人稱讚自己很厲害的想法。

而且還覺得自己絕對擁有屬於那個領域的天份。大部分的隱性高敏感族都說，在遇到擅長的領域時，從來沒有努力過，只要專注於眼前的事情，一下子就能得到讚美。

換言之，**隱性高敏感族之所以會遇到一回神才發現自己已經全心投入的領域，是因為那些領域是自己擅長的領域**。

不過，隱性高敏感族也會在這類領域被一些不擅長的部分（例如人際關係或是非做不可的例行公事）扯後腿，所以沒辦法充分發揮天份。長此以往，就會開始自卑。大家是否也有過類似的經驗呢？

將注意力放在讓才能發光發熱以外的地方，為了「想做的事情」不斷煩惱的W先生

W先生知道自己「有料理的天份」。

但除了料理之外，常常因為職場的人際關係碰壁，所以，縱使有料理的天份，卻覺得自己是個「沒有工作能力的人」。

他一直都希望「自己的廚藝能得到認同」，卻對料理以外的事情一竅不通，慢慢地便開始懷疑自己「我真的想從事餐飲這一行嗎？」

因此我請W先生試著戒掉一個人召開反省大會的習慣。

所謂的一個人召開反省大會，是指不斷地回想自己做了哪些事，然後不斷地責備自己「早知道不該那麼做」「早知道不該說那種話」的意思。

戒掉這個習慣不僅能更充份地利用時間，也不會讓自己陷入低潮。

接下來要為這個階段的人，介紹一種幫助自己戒掉個人反省大會的訓練。

請透過這個訓練找回理想的狀態（情緒平穩的狀態），讓自己隨時能夠抓住下一次機會。

改善身邊的環境、讓自己的心情恢復平靜，就能踏出第一步。擁有這些優勢的隱性高敏感族，更應該將心力放在改善外在環境與心理狀態。只要能維持這種理想的狀態，就更有機會發揮才能。

早點戒掉個人反省大會，也是找回理想狀態的關鍵。

戒掉個人反省大會的訓練

❶ 進行個人反省大會時，試著回想「對象是誰」以及「別人都怎麼看自己」。

這裡的重點不在於對方是否真的這麼覺得，而是懷疑自己是不是真的如自己所想的那樣。務必從主觀角度進行判斷（有可能「部長搞不好覺得我對這個案子沒做功課」、「部長覺得我對這個業界不太了解」或是「部長覺得我很麻煩」）。

❷ 請試著想像有可能會這麼想的對方的表情。當自己看到對方的表情時，會出現哪些情緒呢？請試著從下列的情緒選擇。

（焦慮　害怕　羞恥　不安　絕望）

❸選出情緒之後，試著做出符合該情緒的表情。實際跟著情緒做出表情，是這個訓練的關鍵。

❹做出表情時，身體有沒有125頁介紹的感覺？有的話，代表訓練很成功（也有可能是很想哭、身體一直顫抖或是胸口暖暖的感覺）。

原本就這樣
為什麼？
還有呢⋯
是我
想太多嗎？

第4章

隱性高敏感族得以發揮才能，發光發熱的祕訣

讓隱性高敏感族得以發揮長才的三大支柱

當隱性高敏感族找到「想做的事情」，投入該領域之後，有時反而會因此慘遭滑鐵盧。

那麼該怎麼做，才能讓自己發揮實力，又不至於受重傷呢？為了讓隱性高敏感族得以發揮長才，本章要介紹隱性高敏感族不可不知的三大支住。

這三大支柱分別是**「打造優良環境」「學會與自己相處的技能」**以及**「選擇符合自身特質的方法」**。

形成良性循環

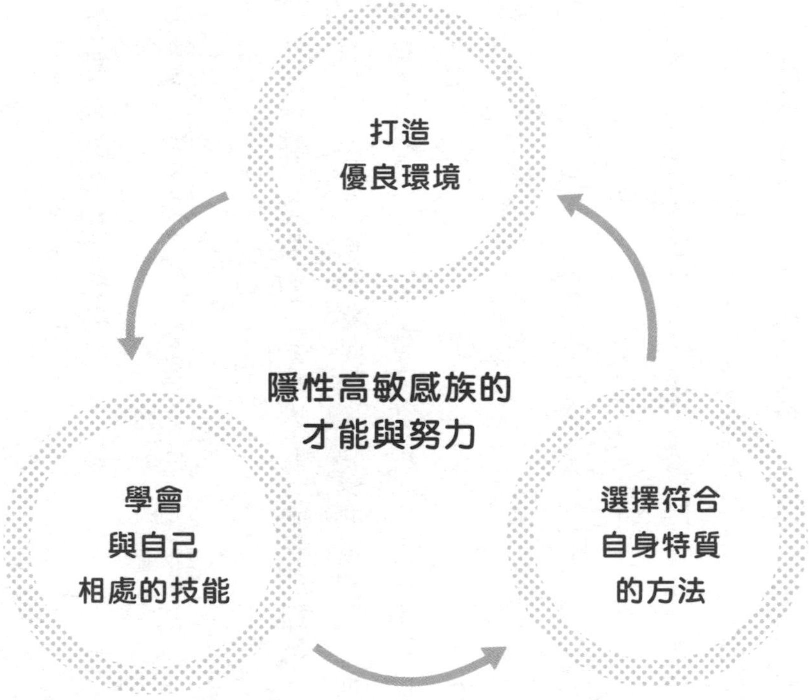
打造
優良環境
隱性高敏感族的
才能與努力
學會
與自己
相處的技能
選擇符合
自身特質
的方法

隱性高敏感族常有的兩種誤解

我與多位隱性高敏感族接觸之後，覺得他們常有兩種誤解。

第一種是，明明隱性高敏感族的內心深處有個**真正的自己**，卻只以流於表面的詞彙，在一般程度下分析、解釋與理解這個真正的自己，而且明明這樣不足以完全了解這個真正的自己，卻又下意識地告訴自己「不可以這麼不滿足」，壓抑認識自我的欲望。

第二種，是誤以為大家都跟他們一樣擁有同等敏銳的感受性。

如果這兩種誤解一直沒解開，隱性高敏感族最終會有哪些成見呢？

明明想擁有打從心底認同的體驗，卻找不到足以正確描述自我的詞彙，所以開始覺得尋求自我是錯的，久而久之，便認為自己的感受有問題。

由於告訴別人這種感覺，別人也無法理解，隱性高敏感族便覺得**不能與別人**

分享這種感覺，也只能不斷地安撫心中那股無法得到滿足的感覺，同時還會一直催眠自己「大家也是這樣」，藉此合理化這種痛苦。

此外，隱性高敏感族常以為大家擁有相同敏銳的感受性，所以不敢在感受到別人無法感覺的痛苦與悲傷時示弱，不管再怎麼痛苦，也只選擇吞進肚子。

久而久之，就會開始責備自己，覺得「都是自己太敏感，但是不能就此示弱」或是「太敏感是因為自己太軟弱」，有些高敏感族甚至會因此將怒氣發洩在別人身上。

由於沒辦法傾訴這種感受性的落差，所以便無法正確地「認識自己」，陷入天人交戰的局面。這就是隱性高敏感族的現狀。

隱性高敏感族該怎麼解開誤解？

要想解開上述的誤會，可試著**「進一步了解自己」**以及**「承認自己與非**

HSP的人不一樣」。

進一步了解自己，以及承認自己與非HSP的人不一樣，意味著接受真正的自己。

我在提供諮商服務時，都會一邊觀察隱性高敏感族自己都不知道的一面，一邊深入地與他們對話，所以他們才會願意說出那些不願讓他人知道的真心話。

隱性高敏感族的個案在進一步了解自己之後，常常跟我說「我總算能正確描述心中那股模稜兩可的感覺，真的是太痛快了」「原來不只有我會這樣，我總算放心了」。

這代表**讓腦中那股模稜兩可的感覺化為詞彙（或圖像），具有消除心中煩悶的效果**。

如果只是一個人胡思亂想，不僅沒辦法解決問題，心情還會越變越糟，或是只想躺在床上一動也不動，甚至最後還會因此生病。

許多隱性高敏感族都很會胡思亂想或鑽牛角尖，最後搞到身體出問題，這還真是一大困擾。

不過，只要能讓感受化為具體的語言或圖像（例如畫成圖），心情就能得到釋放。

這個過程稱為**「外化」**，我們會在看了電影、連續劇、小說或是漫畫之後覺得暢快，就是這個「外化」的效果。

隱性高敏感族總有一些難以說出口的心情，而當他們在上述的作品看到一些足以反映這些心情的台詞或劇情，就會將那些心情投影在這些台詞或劇情，進而客觀地觀察自己的心情。

第四章的內容應該可以幫助隱性高敏感族外化自己的問題。

1 打造優良環境

隱性高敏感族要想盡情發揮能力，第一步就是要**從小處整頓環境**。最好不要一開始就訂出「終點是〇〇」這種目標。

這是因為隱性高敏感族很容易緊張，訂立目標會讓隱性高敏感族全身緊繃。

換句話說，隱性高敏感族必須**先從跨越小溪流這種簡單的事情開始，一步步讓自己進入狀況**。

大家可知道，進入狀況的隱性高敏感族能發揮驚人的集中力。

不過，**一開始就訂立遠大的目標，反而不利於**進入這種極度專注的狀態。總之先從「不用多想也能完成」的小事情（small step）開始。

建立降低心理負擔的一小步

我總是很害怕處理大規模的工作，每次總是遲遲無法開始，拖到最後期限才方寸大亂。

不過，只要建立一些「隱性高敏感族專用」的一小步，就能大幅降低踏出第一步的心理痛苦。

第一步就是**先承認自己的確很膽小，以及釐清要是這份工作拖延的話會惹毛誰**（這也是降低心理負擔的方法）。

接著是打開電腦，開啟檔案，列印內容，準備文具，以及做好外出的準備（準備外出要帶的東西、要穿的衣服或是與家人聯絡）。準備一個在外面的落腳處。

這是因為待在家裡的話，注意力很容易因為其他東西而分散，即使腦袋知道該專心，卻無法做該做的事情，所以要盡力排除會讓注意力分散的事物。

抵達落腳處之後，坐在位子上，一邊打電動，一邊將工作所需的東西放在面前的桌子。如此一來，就一定會注意到眼前的工作，所以在打電動的時候，一定會瞄到桌上的東西，也就會自然而然開始工作。

知道自己會被映入眼簾的東西分散注意力之後，不是要將自己逼入「非得專心」的困境，而是將工作放在眼前，透過這個環境讓自己專心。隱性高敏感族必須靠這種不違背天性的方法，才能順利開始工作。

前面介紹的是**我個人在面對工作時，降低心理負擔的一小步**，但如果你已經習慣利用這種方法開始工作，就不再需要設定一小步。直接省略這一步，能讓事情變得簡單，因為工作的進展變得更快，也會不再那麼害怕開始工作。

不同的日子需要不同的「一小步」。

以家事為例，我會先從只收拾晚餐桌上的餐具，或是只將要洗的衣服丟進洗衣機開始，或是規定自己在幾點出門散步，讓自己跑步跑個一分鐘，這些不會造成負擔的事情，都是上述的「一小步」。建議大家從「**能夠獨力完成**，不需要他人協助」的一小步開始。

在準備進行一些事情的時候，可在其中的一小步多花一點時間，如果今天沒辦法完成的話，第二步或是後續的步驟可以留到明天再做。

假設你也是隱性高敏感族，不妨讓自己每天都踏出一小步。

「踏出一小步真能達成什麼目標嗎？」或許有人會如此質問與不安。

這個問題非常正確，因為想完成的是更大的目標對吧？

建議大家偶爾將大目標寫在紙上，行有餘力的話，**可定**

期寫下大目標，然後把這張紙收好，因為將這張紙貼在隨時可看到的地方，只會徒增緊張與壓力。

最聰明的做法，就是將那些不會造成心理負擔的「一小步」貼在每天看得到的地方。隱性高敏感族在面對需要走１００步才能達成的目標時，只要能先完成其中的一小步，就能夠順利地完成後續的兩步、三步、四步、五步，最終便能比較容易抵達目標。

此外，我們隱性高敏感族很容易在傍晚的時候沮喪，覺得自己「今天也一事無成」，所以只要能先踏出一小步，就可以降低傍晚時分的沮喪程度，也不會陷入自我否定的內耗漩渦，保持從容自若的內心。請大家有機會務必試看看這個方法。

待在沒有人干擾的環境底下活動

如果周遭出現了阻礙自己的想法，或是不讓自己改變的人，隱性高敏感族就會瞬間萎縮，變得無法發揮實力。

我們都知道，周遭環境最好不要有這種人，但又很難徹底排除這種人。

而且隱性高敏感族的其他特質也不願意讓自己排除其他人。那就是**不願只是為了維護自身的舒適圈，而與別人保持距離的特質**。

隱性高敏感族通常都是充滿正義感與追求公平的人，所以擁有「不能只是為了讓自己放鬆而排除他人」「每個人應該都是平等的」信念。這種與生俱來的正義感與追求公平的特質，讓隱性高敏感族不允許自己避開該避開的人，也逼自己正面迎擊這些人，藉此維持自己的信念。其實有不少隱性高敏感族都因為這樣而無法與該保持距離的人保持距離，害得自己不斷受傷。

不過，隱性高敏感族最好在這種時候，**將注意力放在自己偶爾外顯的躊躇、不安與恐懼，然後讓自己遠離那些人**。

被別人拖累的W小姐

熱愛學習的W小姐很擅長搜集資料。只要一覺得有趣，就會一頭栽進去。她懂得尋找有趣的切入點，又很喜歡學習，總是能得到老師的青睞，也在外語學習的小組中嶄露頭角。

不過，在這個團體中，卻有人很討厭這麼出風頭的W小姐，便試著排擠後來才加入這個團體的W小姐。想必是因為這個人原本是這個團體的領導性人物，卻被W小姐搶走風采，所以才打算將W小姐踢出去。

被別人干擾或是阻礙時，**可試著替對方留面子，或是在眾人面前稱讚對方，說對方「真是厲害」**，讓這位懷有敵意的人知道，你不會威脅他的地位。只要能消除對方的敵意，對方的態度就不會那麼咄咄逼人，我們也能變得比較輕鬆。

另一個改變環境的方法就是，若不想改變環境時，**可在這個環境找個志趣相**

投的人，讓自己在這個環境待得舒服點。

換句話說，就是在這個團體之中，根據表情、說話方式、發言內容尋找與自己擁有相同細膩心思的人建立關係，如此一來，或許也能與那位抱持敵意的人改善關係。

在能夠一步步實現想法的環境活動

隱性高敏感族的小靈感源自腦中資訊之間的連結。所謂的「靈感」就是從大腦這個龐大的資料之中浮現的解決方案。

最容易想到解決方案的情況，就是眼前出現了需要幫忙的人的時候。當隱性高敏感族看到一臉需要幫助的人，就會變得坐立難安，也會想辦法找出解決方案。對隱性高敏感族來說，別人的臉色似乎是喚醒鬥志的催化劑，在正面和負面意義上都是如此。

但是，隱性高敏感族的靈感只要**無法付諸實現就會消失**。由於隱性高敏感族不太喜歡出風頭，所以常常會告訴自己「這靈感沒什麼了不起的」，進而自己扼殺這些難得的靈感。

如果**身邊的環境允許實現這些靈感的話，請務必試著慢慢實現**。

如果靈感與創意得以成形，就會更相信自己的創意、靈感與直覺。

提出問題，對組織產生貢獻的S先生

S先生試著提出一些改善業務流程的方案之後，該提案得到分公司採用，而且還碰巧被來到分公司的總公司高層看到，於是這項提案便得以在整個組織推動開來。

S先生對我說：「很多事情只有我注意到。這些提案被採用，對我真的是一大鼓勵」。

放眼全世界，像S先生這種能注意到有待改善之處的人真的有如滄海一粟，S先生可說是非常珍貴的人材。

當某個靈感具體成形，就能用具象化的形式親眼確認自己的發現。一旦發現

這個靈感是真正想做的事情，自信就會自然湧現。當創意變成現實，就能更真切地體會「原來如此，這個點子在現實中會變成這樣啊」。這種體會是在幫助隱性高敏感族面對個人特質時，非常重要的一環。

當然，你的創意在職場也是一筆有形與無形的資產。

而且在**小組織**更容易**「嘗試」**小小的**「改變」**或是**「得到決策權」**。這些小小的改變有可能讓組織變得越來越大，如此一來，隱性高敏感族不僅能更有幹勁，也更以自己為傲與開心。

因為對隱性高敏感族來說，能不能享受一份工作的重點是**覺得有不有趣、能不能用肉眼確認自己的貢獻**。

與能夠溝通、想法靈活的人合作

隱性高敏感族能否發揮長才，端看能否與那些對自己有影響力的人（例如直屬上司或是組織高層）說的話產生共鳴。

身邊若有能夠溝通，想法靈活的人，隱性高敏感族應該就能優遊自在地發揮

特殊的才能。

可惜的是，上班族沒辦法選擇職場環境，一切只能聽天由命，所以就算傾聽自己的心聲，發揮判讀資訊的直覺，也只能在命定的環境拼命工作而已。如果這個職場有人懂得自己的心意，就不會覺得自己所說的話被否定。每個人都想在這樣的環境工作對吧。

在定期推動專案的地方活動

隱性高敏感族選擇活動場所的重點之一就是「會不會厭倦」。前面提過，第四個HSS特質的「容易厭倦」是隱性高敏感族的煩惱之一，而且這個煩惱不管到了幾歲，都會一直存在。

「容易覺得無聊」似乎是美國HSS類型HSP的人的最大煩惱，而日本的隱性高敏感族應該也常因為「容易覺得無聊」這點很煩惱，所以想透過換工作解決這個問題。

解決這個煩惱的對策之一，就是盡可能待在會定期推動專案的地方活動。

因為隱性高敏感族若是一直從事宛如例行公事的工作，會覺得自己沒什麼存在的價值，而當他們能利用自己的能力幫助別人，覺得自己是被需要的，就會覺得自己的存在很有意義，也會越來越有自信。

不過，若是待在很慌亂的環境，隱性高敏感族就會忙得疲於奔命。雖然待在定期推動專案的地方是不錯的選擇，但如果會一直出現偶發的工作，隱性高敏感族就會變得身心俱疲，所以要格外小心這點。

隱性高敏感族非常願意冒險，也充滿野心，所以就算在這種無比慌亂的環境下活動，有時也會覺得「所謂的疲於奔命，就是這麼一回事嗎？」因為很多事情不試就不知道結果。

在此要請大家記得一件事，**一旦「HSP特質」與「HSS特質」無法保持平衡，隱性高敏感族就會變得很痛苦**，生理、心理與大腦都會發出哀嚎。

此時可試著把事情交給身邊的人，讓自己得以休息，並懂得適時放棄，試著像這樣改變路線。

不隸屬於任何一個組織

到目前為止，說明了適合隱性高敏感族的環境，但從這些條件來看，不禁讓人覺得「要不然乾脆離開公司，當個自由工作者」也不錯？

因為只要在組織工作，就很難保證「在沒有人會阻礙自己的環境下活動」，也很難遇到「能夠溝通，想法靈活的人」。

而且待在組織之中，就得提出許多簽呈，也得等待上層的決定，而隱性高敏感族的鬥志往往會在這段等待的過程中被消磨殆盡，有時便很難找到「能一步步實現想法的場所」。

綜上所述，**離開組織，個人小規模創業比較容易滿足上述的條件**。

離開組織，成為自由工作者也會遇到收入不穩定的問題，所以在做決定之前，請務必三思而後行。

一旦這種工作方式（自營業或是個人經營）慢慢地穩定下來，刺激就會減少，HSS的特質就難以得到滿足。

剛離開組織的時候，遇到的都是前所未有的挑戰，所以反而會很安心。這個時候的隱性高敏感族都會告訴自己「沒收入是理所當然的事」，所以會把「提高收益」或是「穩定提昇業績」視為目標。由於有這些量化的明確目標，所以不會迷惘，也不會不滿。

可是，隱性高敏感族往往是在收入變得穩定之後才遇到問題。此時會開始「厭倦」工作。對隱性高敏感族來說，穩定的收入在一開始是值得開心的事，也是一種刺激，但慢慢地，這些刺激就會轉弱。

當經濟變得穩定之後，刺激就會減少，隱性高敏感族也會想要「新的刺激」，因此變得不太穩定。從**一般人的角度來看，這實在是很詭異的狀態**，因為明明收入很穩定，當事人卻變得不太穩定。就算隱性高敏感族找人商量這個問題，通常只會被對方一笑置之地說「你這煩惱也太奢侈了吧？」，完全無法得到別人的理解。

由於當事人不知道自己為什麼變得如此不穩定，也覺得「不知煩惱從何而來」這件事很煩惱，所以便開始否定杞人憂天的自己。

我們必須知道的是，隱性高敏感族之所以會陷入這種狀態，原因全在於「隱性高敏感族本身的心理機制」。

由此可知，隱性高敏感族是一群無法適用於一般標準的人。

需要同時擁有**「消除不安的穩定收入」**與**「滿足好奇心的活動」**。

因此，若能先了解自己的心理機制，就能在自己變得不穩定的時候，告訴自己「真的是這樣耶，隱性高敏感族就是會為了不需要煩惱的事情煩惱」。

綜上所述，對隱性高敏感族而言，即使要當自由工作者，同時持續接一些企業或是組織的案子，似乎是更好的工作型態。

因為公司或組織會有與個人意志或動機無關的專案，所以能同時滿足隱性高敏感族的「好奇心」與「收入」。

隱性高敏感族

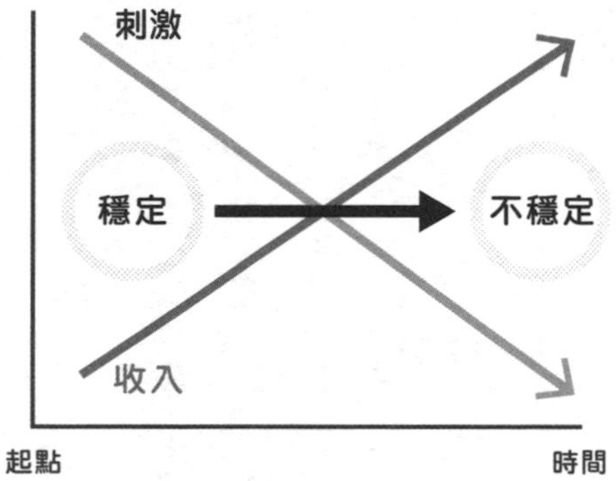

很難同時得到刺激與收入（精神上的穩定）

一般人

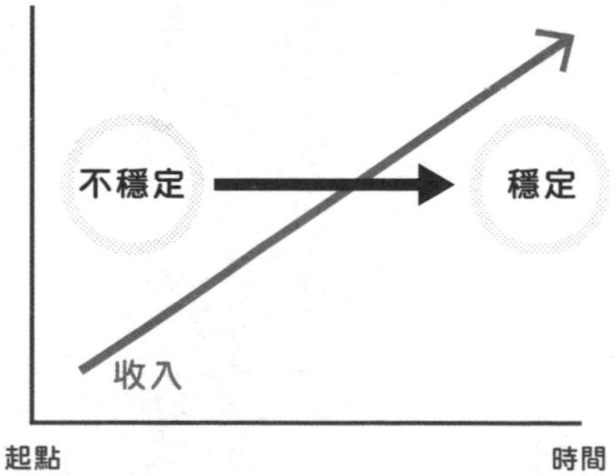

一般人只要收入增加，精神就會跟著穩定。
與刺激帶來的快感或不適感沒什麼關係

既是自由工作者又從多間企業賺錢的B小姐

B小姐以自身的企劃力以及領導團隊的能力為賣點，透過每個月與企業簽訂契約的方式工作。

由於是個人創業，所以能夠堅守自己的節奏，並以自己的想法靈活地工作，同時還能以企業的資本進行一些挑戰，或是能藉用企業的基礎建設。

此外，她也從多間企業得到穩定的收入，還能接觸到社會的最新資訊，所以既能滿足好奇心，又能得到適當的刺激。

既能如此工作，又能在工作的時候，得到適當的刺激，這豈不是隱性高敏感族最理想的工作方式嗎？

2 學會與自己相處的技能

隱性高敏感族可能常會為了情緒起伏所苦。情緒之所以會有如此波動，或許與ＨＳＰ特質有關，雖說難以避免，但其實有方法可以降低波動的幅度。

為了避免情緒波動，「與自己相處的技能」有三個重點。

- **了解自己會對什麼事情產生哪些反應**
- **了解自己與非HSP的人有哪些差異**
- **心情出現起伏時，知道該怎麼降低波動**

也就是說，**了解與接受在自己身上發生的現象**。只要了解這些現象的理由與全貌，就不會只是憑著知識認知這些現象，而是能從全貌接受這些現象。這就是125頁介紹的「打從心底接受」的狀態。

如此一來，就能接受之前那些莫名其妙的事情，告訴自己「原來如此，所以我才會這麼不安啊」，也就越來越能輕鬆地相對自己的情緒。

接下來要透過一些訓練實踐與自己相處的技能，藉此告訴大家一些在日常生活能派上場的創意。

在「獨處」與「交流」的時間之間穿梭

隱性高敏感族最好知道自己就是會在「獨處的時間」與「和人交流的時間」之間切換，決定好自己的節奏後再行動。

只要身邊有人，隱性高敏感族就很難專心，所以**隱性高敏感族需要一個不會被別人盯著與打擾的環境**，才能提升作業與工作效率。

尤其，隱性高敏感族的注意力很容易因為來自視覺與聽覺的資訊分散，所以最好是在不會看到任何人，或是不會有任何電話或是訊息打擾的場所工作，不要在有人會走來走去的場所，或是有人會來打擾的場所工作。

有些人可能會想，「我在咖啡店也能專心工作啊？」像咖啡館這類充斥陌生人的地方，的確可以視情況善加使用。

雖然這類場所不太適合在需要非常專心的時候去，但是，在沒什麼幹勁的時候，不妨只帶上工作所需的東西去咖啡店，然後替自己設定一個「只待三十分鐘就走」的目標坐下來，眼睛閒下來，就會不得不開始看工作的資料。像這樣，適時善用一些給自己的糖果（咖啡）和鞭子（不想做的事情）逼迫自己，也是一種不錯的手段。

隱性高敏感族的專注時間雖然短，但一旦進入狀態，就能發揮驚人的專注力，工作效率應該不會太差。

不過，一直一個人工作的話，又會開始想要新的刺激。雖然一個人工作很安穩與舒適，但久而久之也會開始厭煩，那股「沒什麼新鮮事發生嗎？」的好奇心又會開始騷動。

因此，每天最好能設定一些與他人接觸的行程，再視情況增減這類行程，也就越來越懂得與自己相處。與人對話除了可以吸收新資訊，還有助於得到靈感與創意。

對隱性高敏感族來說，這些對話也有助於遏止負面思考，所以務必替自己安排這類行程。

反之，行程已經排得太滿的讀者，建議**一週安排2~3次一個人什麼都不做的時間，也就是所謂的「放空時間」**。

當輸入與輸出完全失去平衡，就會開始自卑，並且懷疑自己的存在價值，內心變得無比糾結，所以在陷入這種狀況之前，務必試著調整行程，藉此讓輸入與輸出保持平衡。

失誤時，要修復情緒

隱性高敏感族非常害怕失誤。失誤時，心情會七上八下，滿腦子都是跟失誤有關的最壞想像，有時候甚至會全身冒冷汗，想著「該不會無法挽救吧？」，甚至像整個身體都變成心臟一樣，感受到打大鼓般「咚咚咚」的強烈心跳，超乎想像地方寸大亂。

儘管內心掀起了狂潮，但是隱性高敏感族還是想著能不能裝出一副「沒事」的表情。

我曾經因為失誤而痛苦萬分，其中之一就是我帶孩子去參加某場演講的經驗。事後回想起來，那的確是判斷失誤，但當下我滿腦子只有「不好意思將孩子託給老公」「一下下應該沒問題吧」這類想法。

當下淪為不速之客的我只能早早離席，但是旁人的視線卻告訴我，我犯了「沒常識的錯」，當下的難為情與羞恥讓我無地自容，大受打擊（當然，帶孩子去不適合的地方，就是我的不對）。

回家的路上，我在公園看著不斷吵鬧的孩子，一個人哭個不停。當下湧現的情緒真的是錯綜複雜，雖然有些情緒能透過大哭宣洩，但那次的確是令人難以忘掉的失誤。

因失誤而湧現的情緒包含「難過」「悲傷」「後悔」「悔恨」「羞恥」，沒有人可以壓抑這種情緒，只能獨自陷入這些情緒形成的漩渦。

像這樣遭受衝擊時，**務必一一檢查湧現了哪些情緒，試著安撫自己**（可試著實踐170頁「將事件與情緒寫下來的訓練」）。

對隱性高敏感族來說，嚴重的失誤會造成難以估計的創傷，也難以一個人獨自面對。

可以的話，找到一個可以信賴的人聊聊，不要糾結於單一情緒，試著接受當下發生的所有情緒與感受。

將這些情緒與感受化為言語，甚至**與能了解自己的人分享**，經由這個過程，應該就能讓自己脫離這個光是想到失誤就難以忍受的狀態。

面對讓你產生罪惡感的人的方法

可惜的是，這世上有些人的興趣就是讓人產生罪惡感，而且隱性高敏感族是這類人眼中最佳的獵物。如果遇到這類人，**逃避是最有效的對策**。

不過，一直逃也不是辦法。

此時最重要的就是釐清對那類人**產生了什麼罪惡感**。

比如，「是哪句話」讓你覺得胸口很悶呢？「哪個表情」讓你覺得沒有辦法不理會對方說的話呢？

在對方停頓「幾秒」之後，你會開始焦慮呢？有時會莫名地焦慮，問自己「我該不會惹對方生氣了吧？」但這真是面對對方的正確方法嗎？

大家只需要先釐清上述這些問題即可。

接著，當你的情緒開始因為對方的一言一行而起伏，這時候就要在心中輕輕地對自己說「啊，罪惡感出現了」。

對隱性高敏感族來說，只要知道對方的哪些言行會讓自己產生罪惡感，就能在看到對方那些要讓你產生罪惡感的行為時一笑置之。

順利的話，也可以向了解實情的人說說對方的事情，或是當對方又在四下無人的地方，做了那些要讓你產生罪惡感的事情時，為了自己準確預測了對方的所做所為而雀躍，這些都能有效地幫助我們面對這樣的人。

沒辦法放鬆時就試著冥想

當我們滿腦子都是工作時，很難徹底休息與放鬆，也無法切換工作模式與休息模式。這種狀態或許也是隱性高敏感族的煩惱之一。有些人會責備自己「我連放鬆都不會」，然後拼命尋找放鬆的方法。

如果你也有相同的煩惱，建議試試看冥想。許多研究都證實了冥想的效果，提出冥想能有效減少皮質醇（因為過度覺醒而產生的壓力荷爾蒙），所以建議大家務必學會冥想。

根據艾融博士的說法，冥想分成三大類型，一種是統一精神的禪，其次是正念，最後則是超越冥想，而這些冥想對於大腦的影響都不同。

雖然對周遭環境很敏感的隱性高敏感族不太擅長冥想，但還是建議從**超越冥想**開始練習。

請試著了解自己的意識往哪個方向流動，再試著讓這股意識於特定的某一點集中。

學會冥想，就能體會前所未有的沉靜感。

我在提供諮詢服務時，也曾帶領學員進行具體抓到冥想感覺的練習，也因為這股前所未有的沉靜感而大吃一驚。當我試著讓意識回到體內之後，我才發現隱性高敏感族一直以來都未讓注意力回到體內，就這樣渾然不知地過生活。

當隱性高敏感族能夠將位於外在的注意力拉回體內，就能快速切換成一個人獨處的時間，也就能讓自己放鬆。

此外，檢視自己的所有情緒、安撫自己之後試著冥想，就能安撫自己的所有情緒，得到重獲新生的感覺。大家也可以多試試各種冥想音樂。

超越冥想的練習方式

❶ 先將意識集中在某一點幾秒，接著微微張開眼睛，盡可能讓自己只看著特定的某一點，避免讓其他東西進入視線。

❷ 讓意識集中之後，試著讓這個意識移入體內，讓集中力從外側移入自己的體內。

❸ 當意識於自己的體內集中後，再讓意識慢慢地沉入自己的體內。

尋找藏在「好麻煩啊」這句話背後的真心話

你是不是很常說「好麻煩啊」這句話呢？

「好麻煩啊」這句話常用來代替那些沒說出口的真心話與感受。沒辦法反駁或是很想抱怨，卻不知道該如何抱怨時，往往會脫口說出「好麻煩啊」這句話。

儘管真正想說的是「既然那麼簡單，不會自己做喔？」「你以為你比較厲害嗎？」「那個人總是只做想做的事，真狡猾」，卻往往只以一句「好麻煩啊」總結。

不過，相信有不少人，平常都會避免自己說那些既負面又充滿攻擊性的話，也很少有人注意到這些事（不過階段3的人有可能會說這些話）。

「好麻煩啊」這句話的背後，一定藏著想對「某個人」說的「某些話」。

當隱性高敏感族**說出「好麻煩啊」這句話的時候，不妨試著問問自己「誰很麻煩？」「我有什麼想抱怨的？」**。

一旦發現藏在心底的那些情緒，那些麻煩就會瞬間煙消雲散了。

3 選擇符合自身特質的方法

第三個支柱就是「選擇符合自身特質的方法」。隱性高敏感族擁有各種獨特的感性，通常無法沿用一般人的做法。

這一節要帶大家了解HSP與HSS的特質，以及介紹一邊保持兩者之間的平衡，一邊進行各項活動的方法。

掌握整體的流程

HSS特質的「D：不想被（別人）壓抑」的因素，代表討厭制式的事物，想排除來自外界壓迫的衝動。擁有這項特質的隱性高敏感族，不喜歡靠近那些

「本該如此」的事物，也不知道該怎麼面對這些事物。**隱性高敏感族很不擅長照本宣科，只有自行發揮創意與進行改造才會湧現動力**。如果被迫循著既定的路線前進，隱性高敏感族就會變得非常沮喪與黯淡，完全不知道自己到底是活著還是死了（當然，隱性高敏感族還是懂得隱藏這些情緒，同時適應社會規範）。

儘管不想被強迫，但隱性高敏感族還是很容易因為不知接下來會發生什麼事情而陷入強烈的不安。換句話說，隱性高敏感族雖然不想被別人強迫做一些事情，但完全不知道接下來該做什麼時，也一樣會陷入不安。

所以若能在準備進行某些事情之前，**先以平常心掌握大局，就能放心地進行，也能滿足自己那股想反抗壓力的衝動**。

以讀書為例，電子書雖然方便，但不太適合掌握內容的全貌。在尚未得知全貌的情況下讀書，隱性高敏感族就會一直問自己「現在到底讀到哪裡了？」整個人變得惶惶不安。如果能一開始就掌握全貌，就能知道目前讀到哪裡，也就能放心地繼續讀下去。

所以，讀書的時候，不妨先把整本書大致翻一遍，以及從目錄了解這本書的全貌，之後再視情況選擇電子書閱讀，或是在每次工作前先做好簡略的心理藍圖，讓自己得以一邊繞路一邊滿足好奇心。

請大家盡可能以這種方式尋找想做的事情。

一步一腳印地建立屬於自己的領域

隱性高敏感族工作時，很容易出現切身的煩惱。

比方說，大家是否也想過下面這些事情呢？

- 別人很在意，但自己卻沒辦法那麼在意
- 覺得自己沒辦法效法那些厲害的人
- 覺得再怎麼努力，也沒辦法追上已經做得很好的人
- 覺得要做就要做到第一名，但該領域已經有非常厲害的人，所以覺得再怎麼努力也是白費力氣

- **知道達成目標要耗費多少時間，所以覺得自己沒辦法一步步努力達成目標**
- **做想做的事情時，收入怎麼辦？**
- **說不定賺不了錢**
- **如果會中途放棄的話，還不如不要開始做這件事**

「可以的話，我想做一份適合自己的工作，但不知道那會是什麼」，跟人比較就會覺得很沮喪，看不到前進的方向，是隱性高敏感族共通的煩惱。

想太多不是不行，只是如果不妥善調整思考的方向，就可能讓自己站在原地不動。

為了找到適合自己的工作，就要切換成**不斷挖掘自己內心的方法**，而不是一直拿自己與別人比較。

一般而言，所謂的天職是指天生就適合的職業，而隱性高敏感族的天職，就是**現在正在做的事情，以及基於興趣發展的事情**。這是因為隱性高敏感族能夠徹底解讀細節，以及了解與滿足別人的需求。當隱性高敏感族能發現別人沒發現的細節，以及找到「想讓別人開心」的事情時，這件事就有可能成為工作。隱性高敏感族的天職，指的並非該職業的所有工作，而是**工作中的一部分**。而**這項職業到底有多少比例能稱為天職，全由天職的成份佔這份工作有多少比例決定**。

如果能根據現況，一步步熟悉堪稱天職的工作，就能創造專屬自己的領域。

在此為大家介紹我個人的例子。

我總是在尋找符合自己的工作（近似天職的工作）。不管是什麼工作，我都能大致適應，所以反而不知道「自己最適合什麼工作」。

我大概能推測自己會厭倦行政事務那類不斷反覆卻又需要正確性的工作，過去也總是避免這類職務，此外我還會以「不會厭倦」以及「自己應該會喜歡」的觀點尋找工作。

最初我選擇進入銷售各種商品的企業服務。之所以進入這間企業，是覺得這間企業銷售了這麼多商品，應該能讓我愛上這份工作才對。

這份工作的「搜尋」與「設計」的部分讓我覺得自己發揮了潛力。這兩個部分也讓我體會「挖到寶了！」的喜悅。

這份工作讓我明白**「覺得有趣的業務往往藏在工作之中」**。當時的我有種「鑽石就埋在礦石之中，等待有緣人前去挖掘」的感覺。在執行公司分派的工作時，我發現自己擁有「搜尋」與「設計」的才能。自此，我便決定尋找這種「埋藏大量鑽石」的工作。

不過，找工作這件事真的沒這麼單純。

我之後從事了促銷、廣告與宣傳方面的工作。

這是個混亂的職場，所以對於不想被監督，只想自己決定工作進度的我而言，算是最適合的職場。

我的上司是一位年紀比我輕，非常聰明，又懂得交涉的女性，即使站在男性面前，也能有條不紊地大聲說出自己的主張，而且絕對不會擺出一副高高在上的樣子。雖然她能堅定表達自己的想法，卻也懂得了解對方的話中之意。她很懂得適材適所的道理，總是能將每個人安排到適當的位置。當時的我覺得，她真的是職場的模範，也希望自己有朝一日能跟上她，卻又常常覺得自己沒辦法像她那麼幹練。

當時我便明白，**自己比較適合輔佐這類有能力的人**。這也算是發掘了自己另一項潛力。

最終，我因為無法兼顧育兒與工作而離職，但我很害怕就此無法感受自己的價值，所以便選擇了不太需要資金，一個人就能經營的中古商品收購事業。

如果懂得經營的話，中古商品收購事業可說是能大賺一筆的生意。花時間整理買回來的東西，**靠自己的雙手就能創造利潤的高自由度**，讓我產生了經營這份事業的動力。

尤其當時的日本還不懂中古品的價值，所以這份事業算是**尚未開發的藍海**，這也符合我喜歡新事物的價值觀。沒多久，我的中古二手店就順利步上軌道。

這是一份讓我找到許多專長的工作。

「分辨衣服的好壞」「享受與客人之間的閒聊」「擅長說明」「快速做決定」「不排斥任何變化」「能夠開朗又不失禮貌地接待客人」「能視情況調整經營方式」「能發現店裡需要什麼東西」「能將整間店裝潢得很美」，當時的我覺得，這份兒童用品二手店的工作中，有七成是我的天職。

不過，在做這份工作的時候，也遇到一些覺得很麻煩的事情。

比方說「殺價」「被客人硬凹」「得不斷地打掃」「必須處理許多例行公事」「得待在同一個地方長達四個小時以上」「同樣的事情得不斷說明」「必須面對不守規矩的客人」。

這些麻煩的事情我不是交給打工的人處理，就是不斷地修正與調整自己的做法。

經營十年之後，我終於發現**「我想銷售的不是東西」**。

每個月收購幾千件衣服，再整理

成可以銷售的狀態，讓我覺得「這種賣東西的工作已經做得差不多了」。

從那時候我便將重心放在「育兒」與「心理問題」。

我重新學習心理學，學會了無形的技能，現在也從事提供諮商服務的工作。這份工作當然也有讓我覺得是天職的部分，也有我很不擅長的部分，但我還是邊試邊修正自己的做法。

在心理研究學者眼中，屬於高敏感族的天職

HSP的研究學者曾如此描述適合HSP的人的工作。

「從很久以前開始，教育、醫療、法律、藝術、科學、諮商、宗教都是HSP擅長的領域」「不管從事什麼工作，HSP都能發揮特有的才能」「不管是哪一行，HSP都能靜下心思考，秉持著良心從事」「適合HSP的工作非常多」（《高敏感族自在心法：你並不孤獨，只是與眾不同》（生

命潛能出版））

綜合參考艾融博士與瑞士心理學家卡爾・榮格的意見，隱性高敏感族的天職就是：

「你在這世上必須發現的課題之一」
「你必須用自己的方法尋求答案」
「這個課題並不簡單，有可能得窮盡一生才能求得答案。重點在於深入思考，令靈魂得到滿足」

這個結論感覺非常深奧。

上述的結論或許可解釋成每個人該走的路都不同，隱性高敏感族必須視情況尋找令靈魂得到滿足的天職，這也是現代的隱性高敏感族的生存之道。

為此，**隱性高敏感族最好能認同自己的特質，察覺心中真正的欲望以及發現自己與他人的差異**（請試著進行第三章的訓練）。

全心投入眼前該做的事情，自然就會出現兩種選項，一種是了結眼前的事情，或是出現其他的選項。或許專心致志於目前正在做的事情，就能打造一片屬於自己的天空。

找到能正確形容感受的詞彙

如果隱性高敏感族能順利地與別人溝通，就能更順利地展開各種活動。很多人以為，只要學會語言即可，但**其實過去的經驗都隱約地影響著我們**。

人際溝通技巧其實很多，但如果能自然地使用下列的兩種基本技巧，生活就會更輕鬆。

第一種技巧就是**「稍微重覆對方的話尾」**（這可讓對方知道你很專心聽他說話，或是讓話題變得更寬更廣，溝通也會變得更有趣與更圓滑），這也是自一九六〇年代就提倡的溝通手法。

第二種技巧是**「使用緩衝用語」**。所謂的「緩衝用語」就是在拜託別人，請別人提出意見或是拒絕別人之前，用來緩和氣氛的詞彙。這種手法可降低對話的門檻。比方說「不好意思」「真是感謝你的好意，不過……」「不麻煩的話」，都是所謂的緩衝用語。

一旦懂得使用這些技巧，一定會覺得溝通變得更容易。

不過，我真正想跟隱性高敏感族介紹的不是這些技巧，而是**「不想將真正的感受化為語言」**這點。

無法表達不悅的感覺而備感辛苦的S小姐

S小姐不喜歡公司替她安排的座位。因為這個座位面向走道，而且保管印章的櫃子就放在旁邊，一直有人走來走去，讓她沒辦法專心工作，而且每個走過的人都會瞄她一眼，讓她覺得很不舒服。

不過，一直以來她總是覺得不能因此抱怨，但最近實在痛苦到產生「不想去上班的念頭」的地步。

她自己也不知道為什麼會不想去公司。我覺得如果能夠換座位，或許情況會改善，所以便請她找人資提出換座位的要求。
沒想到，真的找人資談話時，從她嘴裡說出的竟是：「之前課長交辦業務的時候，我對你那麼冷淡，一直覺得很不好意思」。對她而言，怎麼樣也無法說出「我很想換座位」這個要求，覺得太丟臉、太不好意思了。

在隱性高敏感族身上很常出現「沒辦法說出真正想說的話」這種現象。每當要把真正的想法說出口，**心臟就會亂跳，聲音也會變高，甚至還會流淚**。

其實在晤談中，我也會在隱性高敏感族身上感受到「不想把真正的感受說出口」這種特有的抗拒感。

在進行晤談的時候，我偶爾會以「你現在是這種感受對吧？」替來尋求諮商的人尋找足以形容當下感受的詞彙。

為了用詞彙具體形容感受，讓當事人找到接受這些感受的施力點，我都會與前來諮商的人一起利用詞彙形容他的感受，同時確認他的心情。

一旦找到足以形容感受的詞彙，前來諮詢的人的身體就會立刻有反應，也能夠接受自己的感覺。

將真正的感受換成具體的詞彙，是內心複雜的隱性高敏感族了解自己所需具備的技巧，所以就算不喜歡這麼做，也建議試著以詞彙形容自己的感受。

將感受化為詞彙的三道門檻

要將自己的「感受」化為詞彙，需要跨越下列三道門檻。

①不清楚自己的感受
②了解自己的感受，但找不到足以形容的詞彙
③知道自己的感受，也能以詞彙形容，卻不想這麼做

屬於①的「不清楚自己的感受」的隱性高敏感族都會說「我知道自己很煩惱，卻不知道該怎麼形容煩惱，也不知道該如何尋求諮商」。如果不清楚自己的感受，當然不知道該怎麼將感受化為詞彙。

如果你也覺得自己沒辦法正確地形容煩惱，不妨先試著尋找**「自己真正想表達的事情」**。

在與對方交談之前，**先試著尋找自己真正想要的東西與感受，再告訴對方**。

比方說，不知道該不該找上司討論，害怕上司會「擺臭臉」的時候，先試著問自己，希望上司做出哪些反應。是希望上司「對你微笑」還是對你說「謝謝你這麼努力，你真是了不起啊」呢？先試著確認你**要的是什麼**。

只要好好練習，就一定能夠了解自己真正的想法，把想法寫下來也很有效。

以我個人為例，剛開始提供諮商服務時，儘管能解讀對方的內心深處，卻不知道該怎麼以日文來形容這些感覺，曾有一段時間都會查詢同義語網站，從中尋找適當的詞彙。大概就是「嗯，那種感覺到底該怎麼形容啊……該說是猶豫嗎？還是寂寥、悲傷、寂寞……啊，或是淒涼嗎？」這種感覺。

久而久之，我學會了更多說明內心狀態的詞彙，也變得能以適當地詞彙說明對方的狀態。

隱性高敏感族的內心非常纖細，就算都是「悲傷」，也分成很多種。當我能正確地形容時，對方的眼睛深處會瞬間發出「就是這樣」的光芒。如果不是對的詞，就無法看到這道光，所以對隱性高敏感族來說，要找到足以形容心情的詞彙是非常纖細、縝密、複雜，卻又很重要的過程。

想讓心理狀態化為實際的語言，**與擅長此道的諮商師面談，尋找適當的詞彙是最有效的方法**，也可以試著**從漫畫或小說找靈感，試著使用其中描寫心情的詞彙或表情形容自己**。

如果找到足以形容心情的詞彙或劇情，**身體會立刻有反應**。如果身體有反應的話，代表這些詞彙或劇情**與你真正的心情一致**。

我認為這對②的「了解自己的感受，但找不到足以形容的詞彙」的隱性高敏感族是非常有效的練習。

此外，常有隱性高敏感族告訴我「如果真的以詞彙形容自己的感受，這些感受就會變得太真實，所以無法這麼做」，我認為這些人屬於③「知道自己的感受，也能以詞彙形容，卻不想這麼做」的隱性高敏感族。

說了不該說的事情時，會被社會排擠，而這些排擠會讓人陷入極度的恐懼，所以我很懂這些人為什麼會不敢「將自己的所思所想化為語言」。

不過，若不將自己的感受化為語言，隱性高敏感族就無法得到解脫。因為用於溝通的語言，以及用於探尋自我、了解自我的語言全混在一起，所以出現了認知上的落差，隱性高敏感族才會那麼痛苦。

就算不將那些感受化為具體的語言，**你的心中早就已經有了所謂的「真正的想法」**。

重點不在於「告訴別人你的真正想法」，而是**為了自己，讓那些放在心裡的詞彙悄悄地流出大腦，讓自己變得更加輕鬆**。

不管是否將情緒化為具體的詞彙，這些情緒早已存在，這些都是你的內心所擁有的感受，而身體也知道這些情緒確實存在。

過去你可能曾經因為在某些機緣下表露真心，卻因此被別人排擠，所以才會告訴自己「將自己的真心說出口不是件好事」。

當時的你，將「不可以跟別人吐露真心」的規則，與那些自內心湧現的情緒全混在一起，也因此誤信「將真正的感受化為語言不是好選擇」。

一旦為了自己，將真正的感受換成具體的詞彙，你的內心就不會再那麼糾結。如果能以正確的詞彙形容感受，心情也會變得輕鬆一點，也能夠找到真正想做的事情（不過，隱性高敏感族的真心讓別人知道是很危險的，建議大家將寫了感受的紙條放進碎紙機處理唷）。

一邊活出自我一邊指導

美國HSS型HSP研究學者庫柏（Tracy M. Cooper）曾在其著作提到「擁有明確的遠景以及領袖風範，是HSS型HSP值得肯定的一面」，所謂擁有遠景的領袖，就是能夠「催生改變社會的商品或服務，對社會持續產生貢獻的人」。

從擁有恢弘的觀點，能幫助所有人開創未來，以及透過帶有戰略性的創新帶來變化、不斷自我磨練、創造嶄新有趣的流程來看，HSS型的HSP，的確能成為了不起的領袖。

不過，先決條件是**不被自己的成見困住，輕鬆自在地活出自我**。書中也提到，當隱性高敏感族承認自己擁有各種特質，認識真正的自己，就能更輕鬆地控制自我的意志，也能發揮自己的長處。

每個人的心目中都有最理想的領袖模樣，但真正的重點或許是不囿於這些既定的領袖模樣。

成為領袖之後的兩件注意事項

隱性高敏感族如果要當領袖，只有兩點需要特別注意。

①反省令自己受傷的話語與態度

隱性高敏感族很容易因為旁人的一言一行受傷。成為領袖之後很容易逞強，不想讓別人知道自己受傷，所以會比之前更難察覺自己受傷了，所以在受傷時**最好試著回顧誰的哪些話語或態度令自己受傷，趁傷害尚淺的時候慢慢消化掉**。這部分請參考「將事件與情緒寫下來的訓練」與「明白心理負擔有多麼沉重的訓練」。

②根據部下的特質改變指導方式

意思是對「非HSP的部下」與「HSP的部下」採用不同的指導方式。

隱性高敏感族成為領袖之後，往往不太喜歡有差別地對待部下，希望公平地栽培所有部下。

一開始一視同仁當然也無妨，但行有餘力的話，可試著多為HSP的部下進行額外的指導，如此一來，非HSP與HSP的部下都能有所成長。

所謂的「額外的指導」就是告訴HSP的部下**「還能這麼做唷」**，讓HSP的部下知道「身為隱性高敏感族的你，曾做過哪些努力」。

以既有的栽培方式培育非HSP的部下是最理想的方式，因為這些方法都經過許多研究證實，是最適合非ＨＳＰ的方法。

如果你現在有「不想成為領袖」的念頭，有些人或許會覺得「自己這樣也無所謂」，有些人也可能會否定自己，覺得「明明大家都想升職，惟獨自己不想，自己真是怪人」，但其實這些想法都沒問題。

只要能認同「有這些感覺的自己」就好了。

如果無法認同這樣的自己，只需找出讓你「不想成為領袖」的原因與事件即可。只要釐清原因與事件，就能知道自己為什麼害怕成為領袖，對於領袖這個位置的看法，也有可能會就此改變。

不評價真心

說到底，本書為了讓隱性高敏感族找到「真正想做的事情」以及在該領域採取行動，真正想說的只有一件事。

那就是**察覺自己真正的想法，同時不判斷這個想法是好是壞**。

意思是，不需要順從真心，也不需要違背真心，**只需要試著傾聽自己的真心，不需要判斷是好是壞**。

如果還不知道自己的真心為何，有可能只是還沒對自己問出適當的問題。建議大家可從125頁介紹的「打從心底認同時，身體會有的感覺」開始認識自己。

接著參考第三章的訓練，試著抓住「莫名覺得是這樣」的感覺。

既然擁有與生俱來的敏銳度，當然要試著活用這項特質，而且這樣才算是順應天性。

此外，如果不知道該如何替想做的事情安排優先順序，可參考243頁的方法。

為事情排出優先順序之後，請試著先以「一小步」的方式實踐這些想做的事情。這時候有可能會出現「這麼做果然很可怕」「不知道別人會怎麼看我」的負面想法。

此時請試著以「將事件與情緒寫下來的訓練」，徹底接受恐懼的心情。

讓我們一邊安撫內心，一邊做想做的事情吧。只站在原地思考或感受，什麼也無法改變，也會浪費難得的天份。

就算內心有可能會充滿不安與畏懼，還是建議隱性高敏感族適度地依賴自己的內心、大腦與身體，試著察覺自己真正想做的事情（真心），以及決定是否要付諸行動。

身為隱性高敏感族，當然要活用累積的知識與技術，為人類與地球創造實用的服務。

或許你會覺得該學習的事情還很多，要走的路還很漫長，但你可以調整自己的步伐。

但願具備細膩的心思、勇敢與好奇心的隱性高敏感族能早日接受自己的一切，得到足以撼動內心的感動，以及為世界持續做出貢獻。

☑不知道該怎麼替想做的事情安排優先順序的情況

■ ■ ■ ■ ■

❶ 請試著將想做的事情填入「我覺得自己做○○也可以」的○○（比方說，「我希望身邊能有許多朋友」「我希望靠著幫人算命賺錢」這種例子）。

❷ 輕輕地對自己說出那些想做的事情，讓身體也聽到這些事情，然後看看身體產生哪些反應，再替這些反應打分數。請以滿分十分的方式打分數。

❸ 根據得分的高低，替想做的事情安排優先順序。

結語

「為什麼找不到想做的事情啊」
「反正我就是廢，就是做不到」
「只有天選之人，才能實現自己想做的事情啦」

雖然我是為了有這些想法的朋友才寫了這本書，但其實我也是有過這些想法的其中一人。

我知道自己不像那些耀眼的人，擁有運氣、才能與自我分析、自我宣傳的能力，只能默默地做那些看起來還可以的事情，然後因為得到一點點金錢上的回報與喜悅就很滿足。

不過，有時連一點點的喜悅也得不到，再怎麼努力也無法擺脫痛苦。

「隨著年齡增長，人生剩下的時間也越來越短，所以差不多該放棄了吧」的想法，以及看著那些光鮮亮麗的人時，嫉妒和焦慮帶來的「再這樣不行」的煎熬，不斷地在我的腦海輪流浮現。

為什麼我沒有想做的事情呢？
明明什麼都能做
明明能全心投入一件事
明明也懂得顧慮別人的心情
明明不曾惹別人討厭

我總是像這樣一個人召開反省大會，不斷地批判自己，因此成為反省大會的常客，甚至還被管理會場的店長認識。

不過，會這麼煩惱都是有理由的。

雖然內文已經介紹了相關的細節，但之所以會如此煩惱，全在於與生俱來的特質（ＨＳＳ型的ＨＳＰ）讓自己變得越來越複雜。

如果能察覺這點，就能以「沒什麼可失去的」的拼搏心情，一步步慢慢重新認識自己的特質，而且不對這些特質進行任何價值觀的判斷（本書也介紹了相關的訓練）。

平心靜氣地認識自己不想接受的特質，絕對不是什麼舒服的事。就算再怎麼試圖不帶成見，偶爾也會因為「蛤，我居然是這樣的人？」而感到震驚。

不過，承認自己這些討人厭的一面（狡猾、心機很重、察覺苗頭不對時溜得超快），反而會覺得活得比較輕鬆。

因為我發現，在我的人生之中，我最不希望的就是被別人看穿、指出自己討厭的那一面。

了解自己，坦率地接受這樣的自己，對我來說，是讓生活變得輕鬆的條件，也是讓我辭去個人反省大會主席一職的方法。

從那之後，就算被別人說「妳真的也是很詐耶」，我也能一笑置之地說「對啊，我也很討厭自己這麼狡猾」。

過了幾年之後，我便發現，原本複雜的部分變得單純許多。

也知道自己隨時可以做想做的事，想做的事情也不一定非得是什麼了不起的事情，甚至可以邊說「不想做」邊做該做的事情。得到某人的讚賞固然是很重要的動力來源，但動機的源頭，絕對不該只是被人稱讚而已。

我總算覺得自己是自己最棒的夥伴。

雖然這麼說有點誇張，但本書的內容的確能改變人生：改變一個複雜的人的人生。

就算曾經遇到無法接受的事情，只要身為隱性高敏感族的你願意接受自己，就能透過想做的事情發揮才能。若本書能幫助各位接受自己，那將是我無上的光榮。

時田尚子

2022年4月

參考文獻

《動機與人格：馬斯洛的心理學講堂》
（亞伯拉罕・馬斯洛著　梁永安譯　商周出版）

《孩子，你的敏感我都懂》
（依蓮・艾倫著　丁凡譯　遠流出版事業股份有限公司）

《高敏感族自在心法：你並不孤獨，只是與眾不同》
（伊蓮・愛融著　張明玲譯　生命潛能出版）

《沒定性是種優勢：獻給還不知道未來要做什麼的人》
（艾蜜莉・霍布尼克著　朱靜女譯　天下雜誌）

《創造力》
（米哈里・奇克森特米海伊著　杜明城譯　時報出版）

「因為隨時能看到天空」（直譯）
（管理者: yuki　https://yumemana.com/labs/profile/）

《戰慄！（暫譯）》 Tracy M Cooper, Ph.D.　Invictus Publishing, llc

高敏感是你的超能力

外向自信只是隱性高敏的偽裝！如何肯定自己的神奇天賦，
從此不再內耗人生，邁向幸

作者時田尚

譯者許郁

主編林昱

責任編輯許世

封面設計徐薇涵 Libao shi

內頁美術設計林意

執行長何飛

PCH集團生活旅遊事業總經理暨社長李淑

總編輯汪雨

行銷企畫經理呂妙

行銷企劃專員許立

出版公

墨刻出版股份有限公

地址：台北市104民生東路二段141號9

電話：886-2-2500-7008／傳真：886-2-2500-779

E-mail：mook_service@hmg.com.t

發行公

英屬蓋曼群島商家庭傳媒股份有限公司城邦分公

城邦讀書花園：www.cite.com.t

劃撥：19863813／戶名：書虫股份有限公

香港發行城邦（香港）出版集團有限公

地址：香港九龍九龍城土瓜灣道86號順聯工業大廈6樓A

電話：852-2508-6231／傳真：852-2578-933

城邦（馬新）出版集團 Cite (M) Sdn Bh

地址：41, Jalan Radin Anum, Bandar Baru Sri Petaling, 57000 Kuala Lumpur, Malaysi

電話：(603)90563833 ／傳真：(603)90576622 ／E-mail：services@cite.m

製版・印刷漾格科技股份有限公

ISBN978-986-289-777-5・978-986-289-779-9（EPUB

城邦書號KJ2099 **初版**2024年01

定價380

MOOK官網www.mook.com.t

Facebook粉絲

MOOK墨刻出版 www.facebook.com/travelmoo

國家圖書館出版品預行編目資料

高敏感是你的超能力：外向自信只是隱性高敏的偽裝!如何肯定自
己的神奇天賦,從此不再內耗人生,邁向幸福/時田尚子作；許郁文
. -- 初版. -- 臺北市：墨刻出版股份有限公司出版：英屬蓋曼群島
家庭傳媒股份有限公司城邦分公司發行, 2024.01
256面；14.8×21公分. -- (SASUGAS ;KJ2099)
譯自：かくれ繊細さんの「やりたいこと」の見つけ方
ISBN 978-986-289-974-8(平裝)
1.CST: 神經質性格 2.CST: 生活指導 3.CST: 自我實現
173.73　　11202193